Hans-Christof Wächter

Transatlantische Passage

Mit der QE2 in die Neue Welt

Hans-Christof Wächter

Transatlantische Passage
Mit der QE2 in die Neue Welt

Picus Lesereisen

Picus Verlag Wien

Die Deutsche Bibliothek – CIP-Einheitsaufnahme

Wächter, Hans-Christof:
Transatlantische Passage: mit der QE2 in die neue Welt / Hans-Christof Wächter. – Picus Verl., 1999
(Picus Lesereisen)
ISBN 3-85452-715-2

Grafische Gestaltung: Dorothea Löcker, Wien
Umschlagabbildung: Die QE2 vor der Freiheitsstatue,
mit freundlicher Genehmigung von Cunard Line Ltd.
Druck und Verarbeitung: Remaprint, Wien
ISBN 3-85452-715-2

Inhalt

Nor forget I to sing of the wonder,
the ship as she swam up my bay.

WALT WITHMAN

I'll pray for fine weather for all you
Big Steamers,
For little blue billows and breezes so soft.

RUDYARD KIPLING

A strange trade this voyaging, so
bound-down, so helpless.

ROBERT LOUIS STEVENSON

2 oder II oder keins von beidem – Mehr als eine Vorbemerkung

»I name this ship Queen Elizabeth the Second. May God bless her and all who sail in her.« – Nach diesem entscheidenden und kommentierenswerten Taufsatz, in freier Rede gesprochen von Ihrer Majestät Königin Elizabeth der Zweiten, setzte sich am sonnigen 20. September 1967 der fast dreihundert Meter lange Rumpf des Schiffsneubaus No. 736 auf der Werft der Upper Clyde Shipbuilders in Glasgow erst unmerklich langsam, dann, vom eigenen Gewicht gezogen und geschmiert mit – wie die Chronisten der Reederei akribisch auflisten – neun Tonnen Talg, siebzig Tonnen Walöl, 140 Pfund Seife und sieben Gallonen Spindelöl, immer schneller in Bewegung und rauschte, Heck voraus, in die aufschäumenden Wasser des Clyde. – A star was born.

Taufsatz und Schiffsname bedürfen in der Tat der Erläuterung. Wobei nicht der Hinweis gemeint ist, daß Schiffe im Englischen wortkonservativ noch immer »segeln«, selbst wenn sie von Atomreaktoren angetrieben sein sollten. Vielmehr geht es um die Zahl Zwei: Der zu findende angemessene Name für das neue Cunard-Flaggschiff war eine Frage nationalen Interesses, heiß diskutiert in der Presse über Wochen und Monate zuvor. Nach langen Beratungen und Rückfrage im Buckingham Palast hatten Cunard Board und Chairman Sir Basil Smallpeice entschieden, das

Schiff solle den Namen seiner Vorgängerin Queen Elizabeth, die nach Englands großer Monarchin des 16. Jahrhunderts benannt war, übernehmen. Wenn der neue Luxusliner in Dienst gestellt würde, seien die beiden Vorgängerschiffe, Queen Mary und Queen Elizabeth, schon aus dem Verkehr gezogen, der Name also wieder »frei«. So wurde beschlossen und besiegelt und in einem verschlossenen Umschlag festgehalten, der Ihrer Majestät feierlich überreicht wurde, als sie an jenem sonnigen Septembertag die Tribüne betrat, von der aus vor den Augen Tausender Zuschauer die Taufzeremonie vollzogen werden sollte. – Kurzer Einschub: Die rituelle Übergabe des Briefchens mit dem Schiffsnamen hat eine Tradition und Geschichte. Wie auch anders, wir befinden uns in England. Angeblich hat sich vor Zeiten einmal ein hochgestellter Täufer im entscheidenden Moment nicht an den Namen des von ihm zu taufenden Schiffs erinnern können und es darum kurzerhand nach seinem Lieblingspferd benannt.

Dergleichen würde Ihrer Majestät natürlich nie passieren. Sie ließ den Umschlag ungeöffnet, trat vor und sprach die beiden historischen Sätze. Verblüffung total. »Augenscheinlich handelte es sich um eine spontane Entscheidung Ihrer Majestät«, kommentieren die Chronisten. Und: »Sir Basil zeigte sich beglückt über die persönliche Änderung des Namens durch die Herrscherin.« Ob die hohe Patin da womöglich einfach was durcheinandergebracht hat oder ihr – was wohl jedermann verstünde – ganz einfach die Vorstellung gefiel, künftighin den eigenen königlichen Namen vom schönsten Schiff der Erde um die Welt getragen zu wissen – wir werden es nie erfahren.

Öffentlich wurde erklärt, bei der Zwei handle es sich schlicht um die Angabe, daß die neue Elizabeth als zweites Schiff diesen Namen trage. Darum auch werde die Ziffer arabisch geschrieben und nicht römisch, was Privileg der Königin sei. Die Klarstellung schien nötig, um etwaigem Unmut nationalstolzer schottischer Untertanen vorzubeugen; die argumentierten: Schließlich sei Elizabeth I. niemals Herrscherin des dazumal unabhängigen Königreichs Schottland gewesen; also sei die regierende Monarchin zwar Queen Elizabeth of Scotland, könne aber – logisch – niemals Queen Elizabeth II. of Scotland sein. Immerhin sei die QE2 ein Produkt schottischer Schiffsbaukunst, da sollte man solche Empfindlichkeiten wohl berücksichtigt wissen dürfen. – Und dann war da noch jener puristische Purser der QE2, der einen an »QEII« adressierten Brief wieder auf den Postweg brachte, zwecks Weiterleitung an den Buckingham Palast.

Oh ja, es gibt einiges zu berichten über diesen denkwürdigen Taufakt. Im weiteren Umfeld vielleicht noch, wie Cunard seiner exklusiven Endsilbentradition verlustig ging. Von der Britannia, Samuel Cunards erstem Liner von 1840, bis zur Kriegsbeute Berengaria (der ehemals deutschen Imperator) endeten die Namen aller Cunarder grundsätzlich und ausschließlich auf -ia. So entschied die Reederei 1934, ihren neuen Achtzigtausend-Tonnen-Liner Queen Victoria zu taufen. Da es sich um einen royalen Namen handelte, war die Einwilligung des Monarchen nötig. Also bat Chairman Sir Percy Bates um Audienz bei George V. und trug seinem König die Bitte vor, das Prachtschiff nach »our most illustrious Queen« benennen zu dürfen. Seine Majestät zeigten sich, bevor Sir Percy Gelegenheit zu detaillierterer Erklärung fand, höchst angetan von dem Vorschlag, den Neubau nach seiner Frau zu benennen. Sir Percy blieb nur, sich stumm zu verbeugen. Seinem König widerspricht man nicht. So wurde aus Queen Victoria Queen Mary – und Cunard das exklusive -ia los. So wird es kolportiert. Bei Cunard mögen sie diese Story nicht sonderlich. Kein wahres Wort dran, nichts als alberner Journalistenklatsch. Der nicht totzukriegen ist. Und eine hübsche Anekdote allemal.

Im Oktober 1996 bin ich für eine Reportage im ersten Heft des Magazins MARE (»Blinder Passagier«) auf der QE2 von Southampton nach New York gereist. Für den hier vorliegenden Text habe ich diese Fahrt im April 1998 wiederholt. Die erste Reise, in Begleitung des Fotografen Knut Gielen, war vollgepackt mit Interviews, Fototerminen und Besichtigungstouren in alle Winkel des Riesenschiffs, vom Bug zum Heck, treppauf, treppab und wieder retour – zum guten Schluß war uns, als hätten wir den Weg von Europa nach Amerika zu Fuß gemacht. Bei der zweiten Reise, zusammen mit Gisela Bruder, meiner Lebensgefährtin, sind wir's ruhiger angegangen, dem Zufall Raum gebend und vor allem das spezielle QE2-Klima wirken lassend. Gesprächsmöglichkeiten, verblüffende Erfahrungen und interessante Begegnungen gab es dennoch zuhauf. – Das zur Erklärung. Das Buch ist ein Extrakt dieser beiden Reisen auf dem Great Circle. Darum müssen, zum Beispiel, nicht unbedingt der Chef de cuisine, von dem berichtet wird, und der im Text erwähnte Principal Medical Officer zusammen während derselben Fahrt an Bord gewesen sein.

Der Text reportiert Erlebtes auf dem Schiff und mit den Menschen, die »in ihr segeln«, ob als genießende Gäste oder ihrem Broterwerb nachgehende Crewmitglieder; er erzählt Geschichten aus der abwechslungsreichen Historie der ältesten, renommiertesten und letzten noch existierenden Transatlantik-Passagierschiff-Reederei, und er versucht, durchaus subjektiv, etwas vom Klima dieser Epoche, als man den Ozean noch nicht binnen weniger Stunden queren konnte, zu vermitteln. Nicht weniger, nicht mehr. Mehr zu wollen hätte allein schon der begrenzte Raum verboten.

Die QE2 ist das erste (und einzige) Schiff, das sowohl als Liner für den Nordatlantik als auch für das weltweite Kreuzfahrtgeschäft konzipiert worden ist. Der Text handelt allein von ihr als der letzten Lady des Great Circle. Sollte die QE2 je außer Dienst gestellt werden – ein Gedanke, der jeden ihrer Liebhaber erschauern läßt –, steht kaum zu erwarten, daß noch einmal eine Nachfolgerin gebaut würde. Per Schiff von Europa nach Amerika zu reisen oder vice versa, ist Nostalgie pur. Oder pure Zeitverschwendung. Je nach Einstellung. Der echte Cunarder sagt: »Getting there is half the fun.« Der eilige, also der normale Reisende nennt es »a waste of time and money«. Dazwischen liegen Welten. Und ein Ozean.

Über den Unterschied zwischen cruising und crossing schreibt J.M. Brinnin, fern jeder Objektivität, aber gerade darum so erfrischend wahr: »Mit dem Moment des An-Bord-Gehens ist der Passagier einer Kreuzfahrt da angekommen, wo er hin wollte. Das Schiff ist für ihn kein Mittler zwischen hier und dort, sondern das Reiseziel selbst; eine Destination, keine Avenue. Das Cruise-Schiff reduziert den Fernblick des für neue Horizonte offenen Reisenden auf den egozentrisch engen Gesichtskreis des Touristen.«

Dank sei gesagt den vielen Cunardern an Bord, die sich geduldig löchern ließen von unseren Fragen, die uns das Schiff vorbehaltlos und durchaus nicht nur von seinen Schokoladenseiten vorführten! Dank auch den Repräsentanten der Reederei in Deutschland, durch deren Unterstützung die Reisen erst möglich wurden! Allerdings lege ich Wert auf die Feststellung: Sollte sich der Text mitunter womöglich fast wie eine Cunard-Werbebroschüre ausnehmen (obwohl ich heftig versucht habe gegenzusteuern), liegt das, hoffe ich, nicht an der Korrumpierbarkeit des Autors, sondern einzig an diesem verdammten, unwiderstehlichen, speziellen Charme der alten Dame QE2, dem sich zu entziehen kaum möglich ist. – Natürlich kann man, wie geschehen, über den Luxusliner auch anders schreiben. Nörgelig, mißgelaunt, ichbezogen und dadurch womöglich originell. Anders eben als alle die Akklamateure zuvor. Ich war nur neugierig und unvoreingenommen.

3210 Seemeilen Wasser voraus

Die Nobelpassage läßt sich eher ernüchternd an; als Mischung aus Lüneburger-Heide-Rheumadecken-Ausflug und Berlin-Tegel-Eincheck-Tortur: In London-Heathrow nehmen Cunard-Hostessen die Flug nach Flug eintrudelnden deutschen, Schweizer und österreichischen Reisenden in Empfang (204 von 1337 Passagieren, erfahren wir später) und führen sie pulkweise zu bereitstehenden Bussen. Launig unterhalten vom deutsch radebrechenden Fahrer rollen wir durchs freundlich gewellte Hampshire Richtung Southampton. Der englische Nieselregen verwandelt sich in Schneematsch, im Bus wird es kühl. »Wir brauchen nicht viel irgendmehr«, versichert der Fahrer, wir nähern uns Southampton.

Am Ufer des Solent das weltweit identische Hafengewirr aus Lagerhallen, stelzbeinigen Kränen, Containergebirgen. Auf einer weiten Pier harren Hunderte Mini-Morris in Reih und Glied ihrer Einschiffung nach Japan. Vom Stolz der Meere, the Pride of the British Merchant Fleet, dem legendären letzten Luxusliner, der großen alten Dame des Atlantik, kurz: von Queen Elizabeth 2, unsrer noblen Heimstatt für die nächsten fünf Tage, ist kaum was zu sehen. Nur kurz im Vorbeifahren grüßt hoch über dem Dach der Abfertigungshalle wie ein Monument der berühmte Schornstein im unverwechselbaren Cunardschen Rot-Schwarz herüber.

Vor Check-in-Schaltern praktizieren wir englisch diszipliniertes Schlangestehen, danach nicht minder geduldiges Warten in riesiger Transit-Lounge. Erste Gelegenheit, die Mitreisenden diskret zu mustern. Was sind das für Menschen, die sich eine Atlantiküberquerung zwischen viertausend und vierzigtausend Mark kosten lassen. Offensichtlich recht normale, muß man (insgeheim enttäuscht?) konstatieren; kein Chihuahua kuschelt sich und sein Diamanthalsband in keinen Chinchillamantel, Glamour wird nicht zur Schau gestellt. Ein Vorurteil mehr kann auch schon hier, bevor wir überhaupt an Bord sind, über Bord geworfen werden: von Überalterung keine Spur. Unter den Wartenden sind erstaunlich viele jüngere Paare auszumachen, Kinder toben unüberhörbar durchs Gewühl.

»The ship is ready now for embarkation.« Der große Moment. Nach Nümmerchen sortiert entern wir die Queen durch den airportvertrauten Tunnelrüssel (und sehen demzufolge wiederum so gut wie nichts von ihr), jeweils paarweise kurz gestoppt vom Überfall des Bordfotografen am »QE2 Welcome Aboard« beschrifteten Rettungsring – wie sinnig, wird man ihn brauchen? Etwas hektisch das alles, massentouristisch und gelinde desillusionierend. Doch dann wird alles gut: In der Midshipslobby, dem Entree des Schiffes, empfängt eine Phalanx freundlich souveräner Stewards und Stewardessen in makellos weißen Meßjacken die Gäste und geleitet sie zu ihren Kabinen. Von irgendwo weither weht Blasmusik.

Ein erster flüchtiger Eindruck, während man seinem fröhlich small talkenden Führer folgt: Die weltweite Anonymität und Tristesse der Hotelflure bestätigt sich auch auf dem transatlantischen Bindeglied zwischen den Kontinenten. Mit einer interessanten Variante: Der wie meilenweit voraus liegende Korridor senkt sich sanft und steigt zum fernen Ende wieder an. Dort liegt der Bug. Wir sind auf einem Schiff. So minimal die Abweichung von der Schnurgeraden ist, sie irritiert die Sehgewohnheiten beträchtlich.

Die Kabine. Wird man sich wohlfühlen? Als Charles Dickens 1842 den Raddampfer Britannia bestieg, Samuel Cunards erstes maschinengetriebenes Schiff im Nordatlantik-Dienst, beschrieb er seine Kabine indigniert als »eine gänzlich unpraktische, durch und durch hoffnungslose, rundum groteske Schachtel« und seine Koje als »die schmalste Liegestatt aller Zeiten, vielleicht mit Ausnahme von Särgen«. Mit seiner Kritik stand der berühmte Schriftsteller nicht allein. In jenen frühen Jahren hatte Cunard zwar schon den inzwischen legendären Namen für Sicherheit und Zuverlässigkeit (»Cunard never lost a life«), aber nicht minder bekannt war, daß es mit dem Passagierkomfort nicht weit her sei. Das sollte sich ändern.

Die Kabine. Endlich angekommen. Als »Ultra Deluxe« ist die Kategorie ausgewiesen. Könnte einschüchternd klingen. Oder hochstapelnd. Wir betreten ein anheimelndes Wohngehäuse in zwar durchaus überschaubaren, aber angenehmen Dimensionen, ringsum holzgetäfelt, von zwei großen Bullaugen erhellt, die Betten kingsize. Mr. Dickens fände nichts zu mäkeln. Im Gegenteil: Schon unser begehbarer Kleiderschrank dürfte die Maße seiner Britannia-Kabine übertreffen. Und das Orchideengesteck auf dem Sideboard, im Eiskühler die Flasche Champagner (Duval-Leroy, Queen Elizabeth 2, Fleur de Champagne), der Teller mit Erdbeeren wie gemalt samt Zuckerschälchen als liebenswerter Beweis: Dies ist ein britisches Schiff. Die Karte mit dem freundlichen Willkommensgruß des Kapitäns – man hat dazugelernt bei Cunard, versteht sich meisterhaft inzwischen auf die kleinen Gesten des Luxus und der Form. Hier soll es sich wohlfühlen lassen.

Die Koffer sind noch nicht eingetroffen, kein Grund also, lange zu verweilen, das Schiff wartet, das Ablegemanöver darf nicht versäumt werden. Wir sind nicht die einzigen, die im noch undurchschauten Labyrinth der Treppenhäuser und Decks den Weg nach oben ins Freie suchen. Die fröhliche Desorientiertheit ist allgemein. Eine dunkelgewandete Gruppe gesetzter Herren, Trompeten, Posaunen und Tubas im Arm, kommt uns entgegen. Reisegepäck vesperrt den Weg. Irgendwo bellt ein Hund. Wir finden den Ausgang. Es nieselt wieder.

Hilf Himmel, wie hoch sie ist! Haustief unter uns liegen Kai und Halle, wir blicken aus Möwenperspektive. The City of Southampton Albion Band, jene Herrengruppe, hat ihre Notenständer unter dem Vordach aufgestellt und bläst uns in Regen und Wind ein fröhliches Farewell.

Sogar ein paar unverdrossene Goodbye-Winker haben sich eingefunden. Die Leinen werden eingeholt, backbords legen sich die Schlepper ins Geschirr. In tiefstem Baß röhrt das Schiffstyphon, ein leises Vibrieren geht durch die Riesin, zeitlupenhaft langsam löst sie sich vom Kai. Unversehens hat sich das Hotel in ein lebendes Wesen verwandelt, in ein Schiff. Wir sind unterwegs aufs Meer, nach Amerika, in die Neue Welt. Wie vor uns und auf demselben Weg Charles Dickens und Robert Louis Stevenson, unzählige andere Berühmtheiten und Millionen Mühselige und Beladene, die sich an den Ufern hinter dem Horizont ein lebenswertes Leben erhofften. Die alte Magie – sie wirkt, noch und wieder.

»Gewimmel, Gelärm, Geschäftigkeit – Taxischlangen, ungeduldig hupend – Rolls-Royce-Karossen, denen gewichtige Wallstreet-VIPs entsteigen – gutgewachsene Herren, tenniscourtgestählt – junge Damen der Gesellschaft – Fotografen, Blitzlichter und Koffer, Koffer, Koffer – Abschieds-Präsentkörbe aus exklusiven Delikatessengeschäften – Orchideen, Gardenien, ein Meer von Buketts … Präludium einer Schiffsreise, Ouvertüre einer Woche auf See, die – für den Neuling zumal – ein Stück vom Himmel sein muß.«

So geht es nicht, nein wahrhaftig, so wie der Cunard-Barde im Reiseprospekt der zwanziger Jahre das Abfahrtsritual besingt, so geht es nicht mehr zu. Schon lang nicht mehr. »The times they are changin'.« Die Zeiten, da Abreise und Ankunft der großen Luxusliner gesellschaftliche Ereignisse darstellten, mit Haupt- und Nebendarstellern,

Statisten und Zuschauern zu Tausenden, mit Konfetti, Luftschlangen und knallenden Sektkorken, diese Zeiten sind vergangen. Es gibt sie nicht mehr, die weltweit berühmten, die schwimmenden Inkarnationen nationalen Stolzes, die Mauretania, Aquitania, Britannia, Normandie, Andrea Doria, United States, Ile de France, Bremen und Queen Mary – all die legendären Big Steamer der Europa-Amerika-Route, des Great Circle, klassische Rennstrecke der gewaltigsten, schnellsten und schönsten stählernen Schiffe, die je gebaut wurden. (Denn wer wollte jene hypertrophen Öltransportwannen und gigantomanen Blechkistencarrier, die sich heute über die Meere schieben, ernsthaft »Schiffe« nennen?!). Tempi passati. Die stolzen Herscherinnen der Meere, die mächtigen Dinosaurier der See sind ausgestorben.

Bis auf einen! (Richtiger: eine. Schiffe sind – grammatikalisches Geschlecht hin oder her – weiblich; so maskulin-martialisch sie sich auch aufrecken und umpanzern mögen.) Bis auf Ihre Majestät Queen Elizabeth 2. Der/die letzte der Luxusliner. Mit Betonung auf Liner. Luxus in vergleichbarer Opulenz und (post)modernerem Glitter mögen die zahllosen Kreuzfahrer der sieben Meere auch bieten, die ehrwürdige Tradition des Transatlantik-Liniendienstes bewahrt allein noch sie: QE2. Die Konkurrenten auf dem großen ozeanischen Bogenschlag sind allesamt längst aus dem Rennen: die Collins Line, White Star Line, American Line, Norddeutscher Lloyd und Hamburg-Amerika-Linie, Compagnie Générale Transatlantique, Italian Line, und wie sie alle hießen.

Allein Cunard, der einstmals die erste Spur mit gezogen hatte, »the famous granddad of all steamship lines«, hält die verblichene Fahne – wenn auch längst nicht mehr das Blaue Band – noch immer unbeirrt hoch: Neben ihren leidigen Kreuzfahrtverpflichtungen passiert einzig die Queen Elizabeth 2, Cunards Flaggschiff und ganzer Stolz, im Liniendienst den Nordatlantik, alljährlich rund zwanzig Mal. Verläßlich, sicher und nach Standards, die Gründer Samuel Cunard schon 1840 für die Britannia, seinen ersten transatlantischen Steamer, einen Raddampfer mit Hilfsbesegelung, aufgestellt hatte.

Kiu-Ih-Tu. So und nur so tituliert die Gemeinde der Verehrer das Schiff. Und wer, der einmal mit ihr gereist, wollte dazu nicht zählen! Allenfalls noch spricht man, im Tremolo der Bewunderung und weil daneben kein anderes nicht zählt, von ihr schlechtweg als *The Ship*. Oder als *The fine old lady*, wie Captain Commodore John Burton-Hall es tut. Der darf das.

Bei einbrechender Dunkelheit und Nieselregen, fast klandestin, aber mit eingeübter Geschäftigkeit, ist das Ablegemanöver abgewickelt worden, hat sich das Schiff gedreht und schiebt sich in langsamer Fahrt den Solent hinunter dem offenen Meer entgegen, die Isle of Wight voraus. Routinesache. Nicht für die Passagiere. »A once in a lifetime«, werben die Prospekte, und für die Mehrzahl ist es das: eine Premiere. Einmal im Leben auf der QE2.

Gehen wir auspacken. Abendkleid, dunkles Kostüm, Cocktailkleid, High Heels, Blazer, Smoking, Kummerbund und Lackschuhe, die ganze Maskerade ... Zwei gewichtige Probleme treiben den als Luxuslinerpassagier noch ungeübten Zeitgenossen erfahrungsgemäß vor allem um: Die Garderoben- und die Trinkgeldfrage. Von letzterem schier unlösbaren Problem – wem wann wie und wie viel Trinkgeld? – hat Cunard seine Gäste vor einiger Zeit zu erlösen versucht, indem es eine für angemessen befundene Summe gleich mit dem Reisepreis einzieht. Doch natürlich will man trotzdem der so liebenswürdigen Kabinenstewardeß, den Kellnern, die den Gast tagtäglich umsorgt haben, zum Ende der Fahrt ein entsprechendes Dankesbriefchen überreichen. Hier versagt die Reederei ihren Rat. In den »Transatlantik-Arrangements« weicht sie der delikaten Frage sibyllinisch vornehm aus: »Die Handhabung obliegt Ihren persönlichen Vorstellungen«.

Ungleich schwerer noch lastet, vor allem auf weiblichen QE2-Adepten, schon Wochen vor Reisebeginn die Garderobenfrage. Je näher der Termin rückt, in desto traumatischere Größenordnungen wächst sie. Schließlich hatte man den Handreichungen der Reederei entnehmen können: »Für besondere Anlässe (formal) sollten Herren einen Smoking oder einen dunklen Anzug tragen. Damen kommen im langen Abendkleid, im Cocktailkleid oder ähnlicher Garderobe.« – Sie: Alles gut und schön, als Mann kannst du jeden Abend im selben Smoking aufkreuzen (Einwurf Er: Wär' ja auch noch schöner, wenn ich ...), aber wie oft machen sie »formal«? Und was meinen sie mit »ähnliche Garderobe«? Geht da der rote Hosenanzug? Ohmeingott, ich hab' nichts anzuziehen!!

Dine & Wine

Drei Komponenten tradieren und nähren den Mythos der großen Linienschiffe: ihre Geschwindigkeit, ihre Größe und der Luxus, den sie boten. Seit der Atlantik binnen fünf Stunden und weniger zu überwinden ist, zählt die Geschwindigkeit längst nicht mehr. Im Gegenteil: Seit neuestem nimmt sich die Queen einen Tag mehr Zeit für die Überfahrt, die Passagiere mögen's lieber. (Und die Reederei spart Treibstoff.) Wer sich für Schiff entscheidet, will Slow Motion. – Die Größe? Ob die künftige Generation der gigantomanen Superschiffe für dreitausend Passagiere und mehr wirklich angenommen wird, muß sich noch beweisen. – Der Luxus? Zum theatralisch aufgedonnerten Beeindruckungspomp der Inneneinrichtung, mit dem die Reedereien am Ende des vorigen Jahrhunderts und noch einmal in den zwanziger Jahren einander zu übertreffen suchten, will wohl niemand, der bei halbwegs gutem Geschmack ist, zurück, sei er pseudobarock, art deco oder postmodern.

Eine letzte Bastion maritimen Luxus', Pomps and Circumstances allerdings wird auch in Zukunft jeder zahlende Passagier vehement verteidigen wollen: die legendäre Raffinesse der Schiffsköche bei der Sorge um sein leibliches Wohl. Wiewohl selbst hier die Zeiten sich geändert haben. In den Zwanzigern etwa genossen manche Luxusliner-Kapitäne international den Nimbus von regierenden Fürsten, und ihre Hofhaltung war News-Talk zweier Kontinente. An ihren Tafeln tafeln zu dürfen, adelte Hochadel wie Moviestars.

Star unter den maritimen Gastgebern jener Jahre war unumstritten Sir James Charles, Commodore der Cunard-Flotte, Kapitän der Aquitania, ein Gourmand und Gourmet barocken Formats. Der Gesellschaftschronist Lucius Beebe schildert den transatlantischen Lukull und sein absolutistisch strenges Regiment des leiblichen Genusses:

»Als Gast an Sir James' Tafel stand man unter strengem Protokoll. Nach Instruktion von der Brücke legte der Kabinensteward entweder Smoking oder Frack bereit und hinterließ eine Notiz mit der Dinnerzeit. Denn man speiste nicht etwa, wann es einem selbst, sondern wann es dem Commodore konvenierte. Beim eigentlichen Captain's Dinner war Große Abendgarderobe inklusive Orden selbstverständlich, was Amerikaner, wenn sie nicht wenigstens einen militärischen Background hatten, mangels entsprechender Kreuze, Schnallen und Bänder in argen Nachteil setzte.

Sir James' Appetit und Geschmack entsprach etwa dem von Heinrich VIII. in Emil Jannings' Interpretation. An einem Abend rollten Stewards Servierwagen mit ganzen gebratenen Ochsen in den Saal, am nächsten umlagerte eine kleine Herde gegrillter Antilopen einen von Pfauenfedern gekrönten Berg aus foie gras. Während die Kapelle Elgar intonierte, wurden elektrisch illuminierte pièces montées, die Schlacht bei Waterloo und andere patriotische Höhepunkte darstellend, hereingefahren. Köche in halbmeterhohen Mützen fochten Säbelattacken gegen Türme aus Black Angus, höher als die ungläubig hochgezogenen Augenbrauen der Gäste, und Soufflés vom Format der Kochmützen bildeten das abschließende champagnersprudelnde Feuerwerk.

Sir James Charles, ein imposanter Fürst der Ozeane und derart mit Auszeichnungen überhäuft, daß seine Galauniform des Gewichts der Orden wegen einer inneren Stützkonstruktion bedurfte, starb auf See, im militärischen Einsatz, gerade eben den Angriff auf eine von Turtle-Stew in Madeira umflossene Pastetenburg eröffnend. Um ihn in Southampton von Bord der Aquitania tragen zu können, mußten beide Flügel der Portluke geöffnet werden. Der Abgang eines wahren Edelmanns und Kriegers.«

Es war am Ende seiner 728. Atlantiküberquerung, als der unvergessene Exzentriker »quietly keeled over«, wie Beebe plastisch maritim formuliert. Es verblüfft, daß dergleichen barocke Prachtentfaltung, dergleichen unbekümmertes Schwelgen im Überfluß tatsächlich in den zwanziger Jahren unseres, von einem Weltkrieg eben heimgesuchten, Jahrhunderts noch möglich war. Es klingt so fabulös, so weit entfernt.

Wirklich? Sicher, die Unterschiede in Pompentfaltung und Selbstinszenierung sind gravierend. Aber letztlich doch nur graduell. Die überragende Qualität und Raffinesse der Meister der Kochherde möchte auch heute kein QE2-Passagier missen. Und ihre Unermüdlichkeit. Legte man es darauf an, man könnte von ganz früh bis ganz spät mal hier, mal dort in einem der sechs Restaurants fast ununterbrochen frühstücken, jausen, lunchen, snacken, Tea timen, dinieren und nächtliche Buffets leerräumen. Gehen wir's an:

Schon ab sechs Uhr früh servieren Vaclav und Peter im Pavillon – Pavilion geschrieben, *Päwíllien* gesprochen – leichtes Continental Breakfast. Es lohnt, auch für notorische Langschläfer, wenigstens einmal in sechs Tagen dem inneren Schweinehund nicht nachzugeben, nicht noch einmal wohlig auf die andere Seite zu rollen, sondern sich, schlaftrunken wie ich, Berichterstatters leidige Recherchepflicht bemurrend, durch stille Treppenhäuser und Flure auf den weiten Weg zum Heck zu machen. In den Pantries klappern Kabinenstewards schon verhalten mit Frühstücksgeschirr, Mechaniker haben ein Stück Wandverkleidung abgenommen und stochern im Gewirr von Rohren und Kabeln dahinter, eine Putzfrau schiebt ihren sanft schnurrenden Hoover über die Auslegware, zwei weißbemützte Offiziere schlendern in trägem Gespräch Richtung Brücke – QE2, »a floating city that never sleeps«.

Im Pavilion nur ein paar Early Birds bei Müsli, Toast und Tee. Niemand spricht. Die Blicke schweifen gedankenverloren durch raumbreite Glaswand in graue Dämmerung über grauen Wogen, in die das Schiff nachts wie tags energisch seine weiße Schaumschleppe schneidet, die erst weit hinten am Horizont im Grau verwischt. Hin und wieder weht in Wirbeln kühler Seeluft ein verschwitzter Jogger vom Sportdeck herein, aufgepumpt mit Frische und Energie, seine Blicke schweifen Anerkennung heischend. Die Insomniker ringsum nippen am Orange Pekoe und schauen schweigend weiter ins Grau, der notorische Kreuzwortler ist ins erste Rätsel vertieft. (Wie viele er wohl schafft pro Tag?! Ob ich ihn frage? Und warum er sich zum manischen Kästchenfüllen gerade die QE2 ausgesucht hat?! Lassen wir's, er sieht nicht gesprächig aus. Ich bin's auch nicht zu dieser frühen Stunde.)

Gegen den Winddruck presse ich mich durch die Tür nach draußen. Es ist kalt und blaß und unendlich weit. Es weht. Naß und grau glänzen die Decksplanken. Meer und Wind orgeln maestoso die Melodie »force five (19 knots)«, das Schiff am Schlagzeug setzt dezent sein unverwechselbares Klicken und Klappern, Knarren und Quietschen dazwischen, sich selbstvergessen in breitem Rhythmus leise wiegend. Die QE2 gehört mir. Mir allein zu dieser frühen Stunde. Tagsüber eine undenkbare Situation. Das große Schiff und ich, jetzt können wir reden. Oder schweigen und zuhören. Und genau das ist es – jene unerhörte, still überwältigende und beglückende Erfahrung: das Schiff und ich und niemand sonst –, weswegen man einmal zumindest den inneren Schweinehund überwinden und bei Tagesanbruch schlaftrunken zum Continental Breakfast in den Pavilion geschlurft sein sollte.

Über glitschig glatte Stufen hangele ich die Treppe hoch. (»Niedergang« heißt es seemännisch korrekt, ich weiß. Aber wenn ich doch nach oben steige?) Auf dem Bootsdeck, meinem Lieblingsauslauf, wandere ich bedächtig schwankend Richtung Brücke, über mir massiv solide die lange Reihe der Boote gewölbt. (Mit mehr Plätzen, als wir QE2-Bewohner brauchen. Dank Titanic.) – Nein, ganz allein bin ich doch nicht. Einige wenige Unentwegte aus der fast ausschließlich britischen Spezies der Deck-Walker (»Steward please, how many times around is a mile?«) gehen bereits, in derbem Schuhwerk und regenfesten Jacken, raumgreifenden Schritts ihren Exerzitien nach, immer rundum. Im Uhrzeigersinn.

Ich Ignorant gehe entgegengesetzt. Woraus sich zwangsläufig eine so schiffstypische wie skurrile, leicht lächerliche und beiderseits genierliche Situation ergibt: Zweimal pro Rundgang begegnet man sich. Daß man beim ersten Mal freundlich grüßt, versteht sich. Wie aber verhält man sich beim zweiten, dritten und x-ten Aneinandervorbeischnüren?! Soll man stumm grinsen? Nicken? Scherzworte tauschen? Soll man sich ignorieren? Angestrengt nach Schiffen schauen? Ich breche ab. Denn hinter dem Schiff, Pardon: astern, färbt über dem Horizont eine unsichtbar aufgegangene Sonne die Wolkenränder golden. Zeit fürs Frühstück.

Jetzt haben wir die Wahl. Entweder Damast und Kristall im Stammlokal. Und eine verwirrend vielfältige Speisekarte. Sechs Sorten Saft, acht Sorten Obst, Kompotte und Fruchtsalate, fünf gebratene Beilagen zu den Eiern – und die Eier wie? –, vom Porridge und geräucherten Lachs, den Bismarkheringen und den Pancakes gar nicht zu reden. Und was bitte ist Kipper? – Oder zum Frühstücksbuffet ins Lido, das weite, lichte Selbstbedienungsrestaurant. Nicht daß hier die Qual der Wahl geringer wäre. Hier aber entscheiden die Augen. Die allerdings sind, man sollte es wissen, zumindest am ersten Morgen größer als der Magen. Man hat davon gehört, daß Japaner zum Frühstück Nudelsuppe, Meeralgen und kalten Fisch goutieren. Auch das kann man probieren. Doch, schon, irgendwie …

Jetzt haben wir's gegen elf Uhr. Also könnte man eigentlich nochmal im Pavilion vorbeischauen, wo inzwischen bis in den Nachmittag Light Grill Dishes offeriert werden. Die Schiffskinder lieben den Pavilion: Hamburger, Eiscreme, Pommes, Hot Dogs, Fish'n Chips und Cola bis zum Abwinken. Wir schonen unseren Appetit für Mittag.

Ein Uhr, Lunchtime. Und wieder, wie beim Frühstück, die Wahl zwischen hier und dort, à la carte oder Buffet, nobel oder zwanglos, Überangebot hie, Überfülle da. Wer kann denn jetzt schon oder überhaupt je wieder an *Essen* denken, Hilfe! Allerdings, das Menü liest sich denn doch sehr verführerisch. Man könnte es ja bei einem Gang belassen. Allerdings, vorweg ein wenig von der Terrine aus Krebsschwänzen, Garnelen und Scallops mit süßsaurem Dillgurkensalat, das sollte man probiert haben, schmeichelt Laurence, und Joshua, die Damastserviette auf des Gastes Knieen drapierend, erwähnt wie nebenher das exquisite Lemon Grass and Peach Sorbet …

Gegen den schiffsweit servierten Afternoon Tea oder Kaffee ist nichts zu sagen. Immerhin wird neben drei Sorten Zucker auch Süßstoff angeboten. Die unermüdlich umhergetragenen Platten mit Cremetörtchen, Obstschnittchen, Petit fours oder raffinierten Sandwichdreiecken kann man ja ignorieren. Wenn man könnte und die hohe Kunstfertigkeit der QE2-Patissiers nicht kennen würde. Also gut, eines, aber wirklich nur eines. (So umfassend die Kabinen ausgestattet sind – TV und Kühlschrank, Bademantel und Fön –, auf ein Accessoire hat man feinfühlig verzichtet: eine Waage.) Wie spät haben wir eigentlich? Oha, schon sechs, Zeit, sich fürs Abendessen aufzubrezeln. Was schreibt der Dress Code für heute vor? Ein Blick ins Tagesprogramm: »Formal – tuxedo or dark business suit required.« Also wieder Pinguinverkleidung.

Lukullischer wie gesellschaftlicher Höhepunkt des Tages ist das Dinner. Spätestens zum Dinner am ersten Abend betritt der Passagier erstmals »sein« Restaurant, dem er nach gebuchter Klasse zugeordnet ist. (Zwar wird jener anrüchige Begriff sorgfältig vermieden, zwar ist das Zwischendeck in der Tat schon seit Jahrzehnten obsolet, doch von einer klassenlosen Gesellschaft ist das Gemeinwesen Schiff noch immer Revolutionen weit entfernt.) Er also, der Passagier, lernt »sein« Restaurant kennen, »seinen« Restaurantmanager, »seinen« Tischsteward, »seinen« Sommelier – drei Persönlichkeiten, die zum Wohlergehen, gar Glücksgefühl während der Reise entscheidend beitragen können. Und vice versa sieht die Restaurant-Staff, vom Manager, Steward, Sommelier und Waiter bis zum Jam Boy, mit Spannung oder Sorge »ihren« neuen Gästen entgegen. Man wird sich beidseits zu arrangieren haben. Wie mit den Tischnachbarn ringsum.

Der erste Auftritt im Restaurant. Wo und wie wird man plaziert werden? (An einem Zweiertisch, wie angenehm, nebeneinander à la Bistro auf gepolsterter Bank mit Blick über das gesamte Lokal und zur Linken auf die wildbewegte Wellenlandschaft, tief unter den raumhohen Fenstern.) Sitzt da drüben nicht Tina Turner? (Ist sie nicht, sondern Geschäftsführerin einer Kette von Schönheitsfarmen in Kalifornien.) Was um alles in der Welt sind Piquant Idaho Wedges? (Wir haben lieber Lobster genommen und wissen's bis heute nicht.) Kommt dort nicht Salman Rushdie? (Sollte er es sein, ist seine akustische Tarnung perfekt; ein originales Texanisch vom Breitbehäbigsten.) Was wird der Sommelier sagen, wenn wir Weißwein zum Sirloin Steak ordern? (Der Sommelier ist eine junge Sommelière, heißt Sabine, kommt aus der Pfalz, gebietet in ihrer voluminösen Weinkarte über 196 Kreszenzen, die teuersten um eintausend Mark. Sie sagt: Weißer zu Rind ist okay und voll im Trend. Beruhigt wählen wir einen 1995er kalifornischen Chardonnay für ein Zwanzigstel des Spitzenweinpreises und sind es voll zufrieden.)

Der erste Auftritt im Restaurant, nicht unspannend die Situation; Neugier und Nervosität allerorten, durch Konvention und Form nur unvollkommen verdeckt. Vollendete Form macht viel. Und formvollendet ist der Service in jeder Situation sowieso und darüber hinaus. Daß wir am Ende der Reise mit Bedauern Abschied nehmen von Monsieur Raul, Laurence, Joshua, Sabine und den anderen, liegt an jenem schwer zu beschreibenden Darüberhinaus.

Es ist mehr als nur vollendete Form, ist Engagement, Fürsorge, womöglich Zuwendung. Das liegt wohl auch an der internen Atmosphäre. Jeder aus der Crew, mit dem wir sprechen, schwärmt, ob darauf angesprochen oder nicht, binnen kurzem vom ganz besonderen Betriebsklima auf dem Schiff. Das teilt sich mit und strahlt aus. Sechs Tage lang als Gast von früh bis spät, in welchem Restaurant, welcher Bar oder Lounge auch immer, ausnahmslos freundlich, persönlich und unaufdringlich perfekt bedient und umsorgt zu werden – das sollte auch den verstocktesten Misanthropen zum Lächeln bringen. Es ist, verdammt nochmal!, schier unmöglich, auf diesem Schiff schlechter Laune zu sein.

Die Speisekarte, the menu, la carte in ihrem eleganten Schmuckeinband. Jeden Tag zwei engbedruckte Seiten von verwirrender Vielfalt. Gern würde man sie intensiver studieren, Zeile für Zeile auf der Zunge zergehen lassen. Liebend gern auch würde man sie als Souvenir nach Hause tragen. (Und siehe da, am letzten Tag bekommt jeder Gast sein persönliches Exemplar mit allen Lunch- und Dinner-Karten überreicht. Die kleinen Gesten …) Schon zu Mittag hat man die Abendkarte überfliegen und, falls sich unter den fünf Vorspeisen, drei Suppen, sieben Hauptgerichten – darunter ein vegetarisches und ein »Cunard Spa Menu« (»An ocean of well being«) – und den neun Dessserts partout nichts Mundwässerndes fürs heutige Dinner hat finden lassen, seine spezielle Canard à l'orange, den gegrillten Maine Lobster, oder meinetwegen auch Eisbein mit Kraut – yes of course, no problem! – ordern können. Und so tafelt man denn mit Andacht und Vergnügen, in der genußvollen Gewißheit, daß jeder Gang dem vorigen wird Paroli bieten können. Nach dem Dessert noch ein wenig Käse aus der riesigen Auswahl auf dem eilends herbeigefahrenen Wagen, etwas Obst, ein/zwei Pralinés aus frischer, hauseigener Produktion, ein Espresso und Brandy. Geht's uns gut? Sind wir dekadent? – Der rote Hosenanzug, übrigens, macht sich hervorragend, einzuordnen im oberen Drittel der Eleganzskala. Die reicht vom pfirsichfarbenen, perlenbestickten, tief ausgeschnittenen Abendkleid bis zum marineblauen Plisseerock mit weißer Bluse. In friedlicher Koexistenz. Niemand wirft scheele Blicke auf niemanden.

Wenn man nicht hin und wieder, schon der räumlichen Abwechslung halber, zum Lido-Buffet wechselt, wird man in »seinem« Restaurant während einer sechstägigen Überfahrt, ich habe nachgezählt, siebzehn Mal Platz nehmen, um zu frühstücken, zu Mittag und zu Abend zu essen. Da müssen nicht nur, sowieso, der Service, die Qualität und die Breite des Angebotes vom Besten sein, damit es nicht irgendwann fad wird, da muß vor allem auch das Ambiente stimmen, damit man sich selbst am letzten Tag noch wohl fühlen kann.

Nun ist, wie wohl jeder leidvoll schon erfahren hat, die Palette der Möglichkeiten, ein Restaurant als beklemmenden Ort der Ungastlichkeit zu gestalten, angefangen bei der Beleuchtung, erstaunlich groß. Das reicht von der Depressionen brütenden Tristesse der klassischen Bahnhofsgaststätte über die serienmäßig fidele Rustikalität der Steakhouse-Ketten bis zum faden, hypermondänen, Ton-in-Ton-Postmodernismus der In-Gourmettempel. Rundum-Wohlfühl-Restaurants sind rar. Das Schiff hat drei davon. Und die drei anderen haben allenfalls das Handicap ihrer Größe (bis zu 530 Plätze bietend).

Alle zeichnet eine überlegene Planung bei der Raumaufteilung (und Raffinesse beim Wegzaubern der niedrigen Decken), eine stilvoll unaufdringliche Eleganz des Meublements, sensible Sicherheit bei der Wahl der Farbklänge und viel Liebe zum Detail aus. Wir haben besonderes Glück: »Unser« Britannia Grill – Violett und Silber, Spiegel und Meer – ist, nächst dem Princess Grill, das kleinste, das intimste Restaurant (hundert Plätze).

Das Abendprogramm rollt an. Mit Show-Time im Grand Saloon, Tanz im Yacht Club, Jazz in der Chart Room Bar, Karaoke im Lions Pub (ja, weh geschrien, selbst auf QE2!), mit Kino oder Roulette. Das macht hungrig. Darum wird im Lido für alle Fälle ein üppiger Midnight Snack bereitgehalten. Muß nicht auch noch sein. Am vorletzten Abend aber doch. Und sei es nur, die kulinarischen Wunderwerke zu bestaunen. Denn da ist das Gala Midnight Buffet aufgebaut, an dem Köche und Konditoren tagelang gewerkelt haben: Hochragend hochkünstlerische Eisplastiken, in deren illuminierte, muschelförmige Basen sich

Hummer- und Garnelenkaskaden ergießen, von zarten Schokoladengittern übersponnene Silberplatten, auf denen cremeflauschig gefüllte Blätterteigschwäne schwimmen, filigrane asiatische Melonenschnitzereien, mehrstöckige glitzernde Rokokoschlößchen aus rosagrünem Fruchtgelee. Kulinarisches Kunsthandwerk in Vollendung, kaum möchte man glauben, daß Menschenhand dergleichen erschaffen kann. Sir James Charles hätte seine helle Freude …

Let's call it a day, schlendern wir nach Haus! Oder doch noch auf one for the road in die Chart Room Bar, bei sanfter Harfenbegleitung?! – In der Kabine warten zum Abschluß des Tages zwei Betthupferl: die Praline auf dem Kopfkissen und das Kärtchen auf dem Nachttisch, das daran erinnert, die Uhr um eine Stunde zurückzustellen. Wie aufmerksam und angenehm: Allnächtlich schenkt uns unsere großzügige Gastgeberin eine zusätzliche Stunde Schlaf. Welche Schönheitsfarm kann das bieten.

Stormy Weather

Die erste Nacht an Bord. In tiefer Dunkelheit aufwachend, geweckt vom Knarren, Knacken und Ächzen ringsum. Jede Tür, jedes Bord, jeder Kleiderhaken reibt sich, jammert und klappert, wie er kann. Wir haben Sturm. Das große Schiff wiegt und biegt sich, wälzt sich stetig durch den rauschenden Aufruhr draußen vor der Stahlhülle, die Luxus von Urnatur trennt. Ein Riesengesicht beobachtet mich schweigend: Grau und leer starren die beiden Bullaugen aus der Schwärze herüber, und über die Decke der Kabine flackern wüste Gedanken, Widerschein der vom Licht der Decks illuminierten Wellenköpfe, die weißbekrönt durch die Nacht stürmen.

Schon vorhin, beim letzten Guinness im Golden Lion hatte man die Füße unwillkürlich fester um die Beine des Barhockers gehakt und das Glas nicht aus der Hand gelassen, es am Wegrutschen zu hindern. Erst unmerklich fast, dann immer deutlicher fühlbar, war das sanfte Schwingen des Schiffs in ein behäbiges Rollen übergegangen. Vorsorglich hatten Stewards Blumenvasen von den Tischen eingesammelt und Flaschen in Schränke verstaut. Hypnotisch langsam war der große Bühnenvorhang der Grand Lounge bauschig von Backbord nach Steuerbord nach Backbord nach Steuerbord geschwungen. Irritierend schnell hatten der Pub, das Casino und die Lounges rundum sich geleert, viele Gläser blieben unausgetrunken. Auf dem Weg zur Kabine hatte man unversehens Schwierigkeiten gehabt, ein mißverständliches Schlingern auszugleichen, die Treppenstufen waren aufs irritierendste vor den Füßen mal zurückgewichen, mal ihnen entgegengestolpert.

Rhythmisch gewiegt und uns in sicherster Hut fühlend, waren wir in den Schlaf geglitten. Mit ihren 130.000 PS das stärkste und schnellste Passagierschiff der Welt, ihre Stahlhülle nach Auskunft des Chief Engineer »extremly strong« (3,81 Zentimeter am Kiel, um genau zu sein), ausgerüstet zudem mit zwei Paar flugzeugflügelförmigen Stabilisatoren von vier Metern Länge, bei schwerem Wetter aus dem Rumpf auszufahren wie Seitenflossen eines Fischs, die sich, wie uns der Herr Ingenieur unter Zuhilfenahme einer Menükarte grafisch veranschaulicht, von einem Gyroskop kontrolliert, elektronisch-sensorisch gesteuert jedem Wellendrang in sekundenschneller Reaktion entgegenstellen und das Rollen des Schiffs um sechzig Prozent reduzieren können – die QE2 und ihre sturmerprobten Offiziere auf der Brücke würden das bißchen rauhe Wetter schon wegdrücken.

Jetzt aber haben wir Sturm. Das Meer will an Bord. Dramatisch klatschen die Kämme der höchsten Wogen an unsere hohen Fenster. Dem Schiff kann das nichts anhaben, kein Zweifel. Und uns? Noch geht es uns blendend. Aus dem Bad klimpert es. Auf dem Weg dahin stolpere ich über Schuhe, die sich nächtens selbständig gemacht und peu à peu unter dem Vorhang des Garderobenraums in den Flur vorgearbeitet haben. Als es hell wird, schalten wir Channel Three des Schiffsfernsehens ein: »A View from the Bridge – With Classical Music«, die Bilder der festinstallierten Kamera am Mast mit weitem Horizontblick über den elegant geschwungenen Bug. Was wir sehen, ist Reality-TV vom Dramatischsten: Zu zarten Vivaldi-Klängen hebt und senkt sich der stählerne Riesenkeil und teilt die anbrandenden Wellen in hochaufschießende weiße Gischtwände, die für Momente wie erstarrt bis zur Höhe der Brücke aufragen, um dann über dem Vorschiff zusammenzubrechen, es für lange Sekunden dem Blick verbergend.

Fasziniert sieht man dem Film zu, die Fernbedienung in der Hand, bis einem klar wird, was klar ist: Das ist nicht Fernsehen, das ist Wirklichkeit, das passiert gerade jetzt unmittelbar da draußen vor der stählernen Wand. Man reißt sich los von den Bildern: Ich geh' mal gucken. (Nachsehen womöglich, ob die Realität mit den virtuellen Bildern übereinstimmt und damit als Wirklichkeit erst eigentlich legitimiert ist? Mag sein. Wir leben in einer komplizierten Welt.) Nah beieinander treffen sich die Gegensätze. An der Tür zum Deck etwa. Die kaum aufzudrücken ist, so dick steht von außen der Wind drauf. Hier die noble schiffseigene Ladenstraße, Harrods und Bond Street, kostbare Flakons, edles Leder, Diamanten und Perlen, Tweedjackets, Seidenschlipse, Tuxedos, paillettenbestickte Abendroben, synchron im Rhythmus des Schiffs schwankend, nach Backbord nach Steuerbord nach …

Draußen aber, hinter der Tür, braust es, tobt und wogt es von West nach Ost in chaotischem Gleichmaß. Es gibt kein Luv und kein Lee, das Schiff nimmt das Wetter frontal. Ich hangele an den Rails entlang Richtung Bug, aber die Treppe zum Brückenumgang ist gesperrt: »Danger High Winds«. Am Horizont schleppen Wolkenbänke unermüdlich ihre grauen Regenfahnen vorbei und hissen, wenn die Sonne für kurz Platz findet, bunte Rgenbogensegmente wie übermütige Standarten. Knatternd zerrt der Wind an der Jacke, salzige Gischt sprüht die Brille blind, ich gebe auf. – E la nave va. Stetig und unbeeindruckt zieht das große Schiff seinen Kurs durch den Tumult. Ein überwältigendes Gefühl von Stärke geht aus dieser selbstsicheren Ruhe des Voran. Kein Grund zur Sorge.

Auf Stürme ist sie vorbereitet; schließlich haben ihre Erbauer sie für den rauhen Nordatlantik konzipiert. Und mit Stürmen kennt sie sich aus inzwischen. Sie hat ganz anderes schon erlebt. Bereits 1969, im ersten Dienstjahr, stellte der Atlantik sie auf die Probe. Mit einem Verbund von drei Sturmfronten, Windstärke elf, die auch nach mehreren Kursänderungen und einem Ausweichmanöver bis hundert Meilen südlich ihres regulären Kurses nicht zu umschiffen waren. Da entschied man auf der Brücke, im Vertrauen auf 130.000 mit den Hufen scharrende Pferde, den Kampf aufzunehmen. Und hielt querdurch. Wohlbehalten, wenn auch etwas blaß um die Nasen, konnten die Passagiere mit zehn Stunden Verspätung in New York von Bord gehen.

Im April 1972 kam es noch dicker. Vier Tage lang mußte sich das Schiff ostwärts durch einen Megasturm mit 18-Meter-Wellen und Hundert-Meilen-Windgeschwindigkeiten kämpfen. Bei Ankunft in Southampton überreichte man den tapferen Passagieren – darunter die Hollywoodstars Natalie Wood und Robert Wagner – »I survived the worst storm in memory«-Zertifikate. Das Unwetter vom September 1978 stand dem nicht nach: Windstärke zwölf, Wellen, die die Bugreling demolierten und bis zur Brücke hochschossen, wenn das Schiff sie durchschnitt. Nachdem das Inferno ausgestanden, fragte eine Passagierin Captain Ridley, ob er, als der Tanz am schlimmsten gewesen, nicht daran gedacht habe, die Coast Guard zu Hilfe zu rufen. The Master: »Madam, zum einen gab es keinerlei Notwendigkeit für einen Hilferuf, zum anderen wäre es, wenn sich ein Kutter der Coast Guard in der Gegend aufgehalten hätte, die Queen gewesen, die dem Kutter zuhilfe gekommen wäre.« So sind sie, die Kapitäne von Cunard.

A propos: Über die Kapitäne der Cunard-Dampfer und ihre Seemannschaft weiß Mark Twain, ein begeisterter und treuer Cunarder der frühen Jahre, zu berichten: »Die Leute von Cunard würden nicht mal Noah höchstselbst als Ersten Maat einstellen, ehe er sich nicht durch alle niederen Dienstgrade hochgearbeitet hätte und sie ihn nicht mindestens zehn Jahre ausprobiert hätten. Sie lassen jeden ihrer Offiziere seine Lehrzeit unter ihren Augen auf ihren Schiffen absolvieren, bevor sie ihn befördern und ihm Vertrauen schenken. Um einen Kapitän zu fabrizieren, lassen sie sich zehn bis fünfzehn Jahre Zeit. Wenn er aber schließlich zu ihrer Zufriedenheit ausgefallen ist, setzen sie alles Vertrauen in ihn. Die einzige Order, die sie ihren Kapitänen mit auf den Weg geben, ist kurz und bündig: ›Dein Schiff ist fertig zum Auslaufen, übernimm es; Schnelligkeit ist unwichtig; handle nach deinem Ermessen, aber vor allem: bring es sicher ans Ziel und bring es sicher zurück – Sicherheit ist alles, was wir von Dir erwarten!‹« – Nun ja, es ging, zumindest später, als der Konkurrenzdruck zunahm, auch bei Cunard nicht nur um Sicherheit, sondern durchaus auch um Schnelligkeit. Doch davon später.

Auch an den vom Wetterdienst nicht angekündigten Sturm vor Neuseeland im Februar 1989 wird man sich bei Cunard noch lange erinnern, schließlich kostete er sechstausend Pfund an zerschlagenem Porzellan, von den aus ihren Verankerungen gerissenen, wie Rammböcke durch die Salons rollenden Klavieren nicht zu reden.

Mein Lieblingssturm in den QE2-Annalen aber ist dieser: Um zwei Uhr nachts am 25. September 1974, auf dem Weg von Neapel nach Barcelona, arbeitet sich das Schiff durch schwere See, als die wachhabenden Offiziere auf der Brücke rote Notsignale in den schwarzen Himmel schießen sehen. Sofort wird der Kurs geändert, und 15 Minuten später sichtet man eine kleine Yacht in Seenot. Den sechs Schiffbrüchigen fallen fast die Augen aus dem Kopf, als sie die hellerleuchtete Dreihundert-Meter-Riesin neben sich auftauchen und aufragen sehen. Da sie in den hochjagenden Wellen nicht mehr in der Lage sind, sich selbst zu helfen, schiebt sich die Queen vorsichtig mit der Breitseite in den Wind, fängt die Wellen ab und nimmt die glückliche Besatzung der Stephanie aus Toulon sicher über. Beileibe nicht der einzige Fall, daß der Liner als Seenotrettungskreuzer erfolgreich zum Einsatz gekommen ist.

Ihren bislang härtesten Crash-Test hat die Queen im September 1995 zu bestehen gehabt, als sich Ausläufer eines Hurricane in der Karibik bis nach Neufundland ausbreiten. Dabei rast eine dreißig Meter hohe Wasserwand auf das Schiff zu. Der Brücke gelingt es gerade noch rechtzeitig, den Kurs zu ändern und die Riesenwelle Bug voraus zu empfangen. Bis auf eine Delle im Vorschiff übersteht die Queen auch diese Attacke mit Bravour. Der Kapitän wird mit Dankschreiben seiner Passagiere überschüttet. Er sagt: »Ein Sturm im Nordatlantik kann wilder sein als jeder Taifun. Und er kommt unvermuteter.«

Noch eine letzte Sturmgeschichte, dann soll Schluß sein mit dem grauslichen Thema. Es ist eine amüsante Geschichte, und sie erfordert, etwas weiter auszuholen:

Den Adel unter den Passagieren bilden die Repeaters, die große Zahl an Wiederholungstätern, an Oftfahrern – bis zu einem Drittel der Kundschaft, heißt es bei Cunard stolz. QE2-Aficionados und -Süchtige beiderlei Geschlechts, maritime Nostalgiker, ihrem Schiff in Treue ergeben, in lebenslanger Liebe verbunden. Sie sind leicht auszumachen: Fachmännisch begutachten sie allmittäglich die aktuelle Positions- und Wetterkarte, diskutieren Etmal, Swell und Barometerstand, wissen alles über das Schiff und seine Biographie, schwärmen von der Leistung der neun Four-Stroke-Trunk-Piston-Diesel-Engines, ereifern sich über Vor- und Nachteile von Dampfturbine versus Diesel-Elektro-Antrieb ... Oder stehen einfach nur entrückten Blickes auf einem der Außendecks an die Reling gelehnt und bewundern rückhaltlos: den funktionsgerechten Konstruktivismus der Davits, die elegante Plastik des monumentalen Schornsteins im delikaten Cunardschen Rot-Schwarz, die bizarre Architektur des Signalmasts. Liebende halt.

Eine davon ist Rose King-Friedland, die charmante, ungarisch-kosmopolitische Witwe eines amerikanischen Supermarkt-Moguls. Nicht irgendeine Repeaterin. Vielmehr »The queen of the repeaters, the grand lady of the Queen«. Zum 156. Mal fährt sie auf dem Schiff, ob Crossing oder Cruise. Und findet daran nichts Besonderes. Schon auf der Jungfernfahrt war sie mit von der Partie. Das läppert sich halt im Lauf der Jahrzehnte, wird zur Gewohnheit, zum liebenswerten Spleen. Wenn man, wie sie, aus Prinzip nicht fliegt, wenn man das Reisen an sich genießt, als geruhsames Entfalten von Zeit in einem ständig sich verändernden, dabei vertrauten Ambiente, wenn man auf komfortabelste Weise Zuhause-Gefühl mit dem transitorischen des Unterwegsseins in eins setzen kann, und – nicht zuletzt – wenn man sich's leisten kann, ja warum dann nicht.

Natürlich hat die gelernte Cunarderin so manchen Sturm auf der QE2 schon abgewettert. »Mehr als jeder ihrer Kapitäne«, meint sie wegwerfend. Einer wird ihr unvergeßlich bleiben: »Das war Hurricane Hugo, einer von den Großen, wirklich ziemlich schlimm. Als es zur Sache ging, war das Schiff fast leer. Ich meine, alle waren sie in ihren Kabinen und ließen sich's schlechtgehen. Es war spät abends und nichts los. Drum bin ich ins Kasino gegangen und hab' angefangen, die Slot Maschinen zu füttern. Weit und breit keine Menschenseele, auch die Croupiers waren seekrank. Und irgendwas muß der Sturm mit dem Computersystem von den Spielautomaten angestellt haben, hat es außer Gefecht gesetzt oder sowas. Jedesmal wenn ich einen Dollar reinsteckte, hab' ich zehn Dollar gewonnen. Jedesmal. Na, würden Sie da aufhören?! Ich nicht. Es war phantastisch. Ich hab' gespielt bis fünf Uhr früh. Ich glaube, ich hab' um die 1200 Dollar gewonnen. In Ein-Dollar-Münzen! Ein Berg, sage ich Ihnen. Und kein Steward weit und breit, der mir hätte tragen helfen können. Da habe ich mir ein Tischtuch besorgt, alles reingeschaufelt und über Treppen und Flure zu meiner Kabine gezerrt. Die Fahrstühle haben wegen des Sturms auch nicht funktioniert. Am nächsten Tag hab' ich's vom Purser abholen und mir einen Scheck ausschreiben lassen.«

Ihren Gewinn mit der Prise Extraglück durch höhere Manipulation empfindet Mrs. King-Friedland als durchaus gerechtfertigtes kleines Repayment der Millionen, die sie im Laufe der Jahrzehnte bei Cunard investiert hat. »Ich würde gern mal wissen, wieviel von der guten alten QE2 schon mir gehört.« Inzwischen aber hat sie eine sicherere Methode gefunden, die treue Zuneigung zu ihrem Schiff kostensparend auszuleben: Sie ist Cunard-Aktionärin geworden.

Credo ihres Grundvertrauens zur QE2: »Bei Schlechtwetter tauchen die Kapitäne nicht mal zu ihren eigenen Cocktaileinladungen auf. They stick to their business. Und darum fühlt man sich sicher. Weil da einer über dir ist, der sein Geschäft versteht. Allright, Gott ist auch da oben. Sagen wir so: Einer da oben ist Gott, und einer bißchen tiefer da oben ist der Kapitän. Und der hat nur eines im Sinn: das Wohlergehen seines Schiffs, nichts sonst. Daran hängt für ihn alles. Wenn du das weißt, bist du ganz ruhig und gehst schlafen, und nichts kann dir passieren.«

Was ist unser kleiner Sturm gegen Hurricane Hugo! Allerdings, hartnäckig ist er schon. Er bläst sich ein. Und wächst sich aus. Er läßt sich nicht ignorieren. Das Schiff wiegt sich, stetig und gemächlich, durchaus mit Gefühl für Rhythmus, aber … Nein, Gisela mag nicht frühstücken. Ach, es geht schon. Nein, es geht denn doch nicht. Laßt mich doch einfach sterben, bitte! Eine Stunde später – die Pillen gegen Seekrankheit, von der Stewardeß fürsorglich verteilt, haben genau das Gegenteil bewirkt – sitzen wir vor der Praxis des Principal Medical Officers, in langer Reihe graugesichtiger, mit leerem Blick nach innen schauender, bei jedem Rollen verhalten aufstöhnender Passagierpatienten und Crewmitglieder, in Erwartung der erlösenden Injektion Promethazine.

Ärmel hoch und pieks, es geht wie's Brezelbacken. Oh bitte, sprich jetzt nicht von Essen, ja?! 250 Spritzen werden die Schwestern heute verschießen. (Der Rekord liegt über dreihundert, sagt der Doktor.) Danach schläft es sich herrlich. Und am Abend, in großer Robe beim Captain's Cocktail, genießen wir den Champagner, als wäre nie was gewesen. Nelson Sardelli allerdings, Atlantic City's Entertainer of the Year, muß seinen Starauftritt in der Grand Lounge absagen, auch Prominenz feit nicht gegen Seasickness. (Zwei Abende später holt Mr. Sardelli das Versäumte gnadenlos nach und läßt uns wünschen, er hätte seine Rekonvaleszenz bis New York ausgedehnt.)

Am Tag nach dem Sturm ein Anschlag neben der Tageswetterkarte: »Ein Vogel ist auf dem Schiff gelandet. Wer veterinärmedizinische Erfahrungen hat oder sich mit Vögeln auskennt, möge bitte Lesely unter 8332 anrufen.«

Die schwankende Macht

In seinem prächtigen Coffeetable-Band »Luxusliner« schreibt Kurt Ulrich: »Am 6. August 1939 veröffentlichte die New York Herald Tribune wie in jeder Sonntagsausgabe eine Karte mit den Positionen aller Passagierschiffe auf dem Atlantik. An diesem Tag waren 49 Liner zwischen Europa und Amerika unterwegs, darunter Riesen wie Europa, Ile de France, Normandie, Queen Mary, Rex und Conte di Savoia. Wenige Wochen später ging mit dem Zweiten Weltkrieg die goldene Ära der Luxusliner zu Ende.« Diese simple Zeitungsmeldung beschreibt in nuce, welch prägende Bedeutung der massenhafte Personenverkehr zur See für die Menschen Europas und Amerikas zwischen der Mitte des vorigen und dieses Jahrhunderts besaß. Rechnet man einmal nur mit rund tausend Passagieren und Crew pro Schiff (was mit Sicherheit zu niedrig angesetzt ist, die Normandie konnte 1972 Passagiere befördern, bei 1345 Mann Besatzung), so waren an jenem 6.8.1939 mindestens fünfzigtausend Menschen zwischen den Kontinenten unterwegs. Die Ära der internationalen Mobilität ist mitnichten erst durch das Flugzeug als Massenverkehrsmittel eingeläutet worden.

Die englischsprachige Literatur zur Geschichte der transatlantischen Passagierschiffahrt, des Great Circle, füllt Bibliotheken. Bücher über die großen Luxusliner der Vergangenheit sind in England und den USA beliebter Coffeetable-Schmuck seit je, da brauchte es nicht erst des Entdeckungsspektakels um das Titanic-Wrack und des Kinospektakels um Leonardo und Kate. Als Engländer sieht man die dampfenden Riesen der See, so sie denn britischen Ursprungs sind oder den Union Jack führen, als natürliche Erben der ruhmreichen Flotte Lord Nelsons – und als Legitimation, auch fürderhin Britannias Herrschaft über die Wogen singend zu behaupten.

Für Amerikaner haben die Transatlantik-Liner einen womöglich noch höheren Stellenwert im nationalen Gefühlshaushalt: Auf ihnen waren, steerage zumeist, enggepfercht im Zwischendeck, die Vorfahren ins Land gekommen. Denn die Luxusliner boten und beförderten ja beileibe nicht nur Luxus; den viel größeren Anteil ihrer Passagiere – und den lukrativeren für die Reeder, auch da machte es die Masse – bildeten in der Regel die Emigrantenheere in den Decks tief unterhalb der Luxusklasse. Auf den Auswandererschiffen wurde die amerikanische Identität geboren: Go west, young man! Wie der Planenwagen, der den Wilden Westen überqueren half, ist der Ozeandampfer zum emotionalen Symbol amerikanischen Selbstverständnisses erhöht worden.

Mag sein, daß in solcher historistisch sentimentalischen Zuwendung zum Nordatlantik und zu den Großschiffen, die ihn massenhaft erst überwindbar machten, der ureigentliche Grund zu suchen ist, warum »the passage« oder »the crossing« für Amerikaner und Engländer bis heute einen ganz eigenen Stellenwert besitzt, mit keiner Kreuzfahrt wohin auch immer zu vergleichen.

Was Wunder, daß in der QE2-Bordbücherei – der umfangreichsten schwimmenden Bibliothek der Welt, wie man zu rühmen weiß, was bedeutet: über sechstausend Bände enggedrängt in wandhohen Regalen eines nischenreichen, mit tiefen Ledersesseln und historischen Schiffsmodellen very British möblierten kleinen Lesetempels – was Wunder, daß die maritime Literatur hier alles übrige in die Ecken drängt.

Aber doch verblüffend: In der Bibliothek wie im Ocean Bookshop gegenüber fallen zuhauf und prominent plaziert vor Postern mit dem hellerleuchtet sinkenden Schiff vor allem die neuesten Titanic-Publikationen ins Auge. Mit Titeln wie: »Destination Desaster« oder »Signals of Distress«. Niemand nimmt Anstoß, niemand scheint es mit unserer gegenwärtigen Situation – auf einem vergleichbaren Schiff in denselben Längen und Breiten zur selben Jahreszeit unterwegs (am 15. April, dem Titanic-Todestag, sind wir in Southampton in See gestochen!) – in irgendeine Beziehung zu setzen. Die Titanic-Bücher gehen gut. Der Thrill des Makaberen? Der typisch englische, schwarze Humor? – Logische Konsequenz und Alternative wären Flugzeugkatastrophenfilme im Bordkino der Transatlantik-Jets.

Auf Channel 19 des Schiffsfernsehens (Satelite Navigation) mit Atlantikkarte und aktueller Positionsangabe ist die Untergangsstelle der Titanic säuberlich eingezeichnet (41 43′N, 49 56′W). Sukzessive schiebt sich das QE2-Pünktchen näher an das rote Titanic-Kreuzchen heran, um es schließlich in Zentimeterabstand (gleich 65 Seemeilen) zu passieren. Die berüchtigten Neufundlandbänke. Sicherheitshalber schnell mal hinübergeswitched zur »View from the Bridge« auf Kanal drei: Grau und endlos leer, in träger Dünung rollend, dehnt sich vor dem Schiff das Meer. Regentropfen weinen über das Objektiv, kein Eisberg weit und breit. Aber Nebel kommt auf. Im Zweiminutenabstand läßt das Schiff den melancholischen Baß seines Nebelhorns aufbrüllen.

Beim Stöbern in der Bibliothek, beim Hin- und Her- und Querlesen fällt mir ein dickleibiger Band in die Hände, dessen skurriler Titel stutzen macht: »The Sway of the Grand Saloon« von John Malcolm Brinnin. »The sway« – das Schaukeln, das Wiegen, das Schwanken. Das Schwanken des Großen Salons, hübsche Formulierung, aber ein Titel? Erst das Lexikon erschließt mir Doppel- und Hintersinn: »Sway« kann auch Herrschaft, Macht und Einfluß heißen. Zusammen mit dem Untertitel, »A Social History of the North Atlantic«, bekommt das ganze programmatische Bedeutungsbreite.

Brinnin schreibt: »Das Passagierschiff auf der Transatlantikroute zwischen Alter und Neuer Welt stellt so etwas wie eine Metapher des Reisens schlechthin dar, in der sich Gesellschaft widerspiegelt und Art und Richtung ihres Wandels. Zu jedem Aspekt der Dampfschiffahrt-Aera finden sich gewichtige Abhandlungen, ob zu wirtschaftlichen und technischen Fragen, ob zu sensationshaltigen wie der Jagd nach dem Blauen

Band, den Schiffbrüchen, den Massenkatastrophen auf See – jedoch mit Ausnahme gerade der Faktoren, die mir die bedeutsamsten erscheinen. Diese Faktoren beinhalten vor allem anderen das menschliche Element – die konkrete tagtägliche Reiseerfahrung der Millionen Menschen, die den Ozean im Laufe der Jahrzehnte gekreuzt haben.«

Auf den modernen Großschiffen kann der Passagier zwischen vielen und unterschiedlichsten Gesellschaftsräumen, Lounges, Pavilions, Galerien, Bars, Cafés, Casinos, Wandelgängen, Promenaden wählen; mehr als auf einer Überfahrt zu erkunden und abzusitzen wären. Er kann sich seine Gesellschaft auswählen, kann sie meiden oder suchen. Auf den so viel kleineren Passagierschiffen des 19. Jahrhunderts (bis zum Auftritt der Giganten im fin de siècle) war der Grand Saloon der eine und einzige gesellschaftliche Ort, an dem man, wenn die Wetterverhältnisse das Flanieren auf Deck verboten – wir sind auf dem Nordatlantik –, sich aufhalten konnte und dementsprechend zwangsläufig einander begegnete. Hier saß man, lesend und vorlesend, musizierend, plaudernd, tratschend und die Zeitläufte diskutierend, sich verliebend und zerstreuend, ennuyiert oder amüsiert als Zufalls-Zwangsgemeinschaft beieinander. Hier wurden Geschäftsverbindungen geknüpft, Ehen arrangiert und Projekte entwickelt, wurden nationale Vorurteile abgebaut oder vertieft. Hier wurden die Karten neu gemischt und die Kontinente miteinander in Beziehung gebracht. Der Grand Saloon war auf Zeit Mittelpunkt der Welt. Er hatte »sway«.

So macht der Buchtitel doppelten Sinn. Ich beginne zu lesen – und gebe es schnell wieder auf. Weil ich merke, daß das Buch einen Sog entwickelt und ich denn doch nicht auf das Schiff, auf *dieses* Schiff, gegangen bin, um die Überfahrt, absorbiert von allem um mich herum, lesend zu verbringen. – Zu Hause habe ich das Buch mit einiger Mühe wiedergefunden. Und eine der profundesten, gescheitesten und amüsantesten Arbeiten über die Geschichte der transatlantischen Linienschiffahrt, über das Meer, seine Nutzbarmachung als Straße und sein Beharren auf Undomestizierbarkeit entdeckt.

Eine umfassende Darstellung, die den Bogen schlägt vom Urbeginn der transatlantischen Passagierschiffahrt am 5. Januar 1818, als erstmals ein Segelschiff, die James Monroe, ausgestattet zur Beförderung von Passagieren, zu festgeschriebenem Abfahrtstermin »full or not full« ihren Weg aus dem Hafen von New York nimmt – bis hin zur melodramatisch mitternächtlichen Szene jenes letzten Treffens der beiden Vorgänger-Queens im Mittatlantik am 25. September 1967: Queen Elizabeth, der Welt größtes Schiff (314,3 Meter), 27 Jahre alt und schon nach Hongkong verkauft, wo sie, zu einer »Schwimmenden Universität« umgebaut, fünf Jahre später kläglich ausbrennt – und Queen Mary, zweitgrößtes Schiff, 31 Dienstjahre, ebenfalls 1967 ausgemustert, um vor Long Beach als Hotel- und Museumsschiff eine zweite Karriere zu starten. Zum Zeitpunkt der wehmütig stolzen, der letzten Aneinandervorbeifahrt der beiden großen alten Damen des Great Circle – schnell, still und lichterstrahlend unter einem kalt funkelnden Sternenhimmel, auf den einander zugewandten Brückennocks die Kapitäne postiert, die Rechte zum stummen Gruß an den Mützenschirm gehoben –, zu diesem Zeitpunkt war die Erbin QE2 gerade fünf Tage alt; am 20. September 1967 getauft von Königin Elizabeth II.

Inzwischen selbst schon fast ein Museumsstück aus vergangenen Luxuslinertagen, ist die QE2 auch ein schwimmendes Schiffahrtmuseum. Über das ganze Schiff verteilt stößt man überall auf kostbare Exponate einer riesigen Kollektion zu 150 Jahren Cunard-Geschichte. Auf Entdeckungstour durch die QE2 schlendernd, findet man sich unversehens auf einem komfortablen Wanderweg in maritime Vergangenheit: »The Cunard Heritage Trail«. Wer fünf Tage über diese Pfade schnürt, ohne zumindest ein gediegenes Basiswissen zur Geschichte der transatlantischen Dampfschiffahrt mit an Land zu nehmen, muß mit Blindheit geschlagen sein. Und er oder sie muß resistent sein gegen jene Kind-im-Erwachsenen-Faszination, die von elektrischen Eisenbahnen in Miniaturlandschaften oder eben auch von historischen Schiffsmodellen ausgeht, die hier, liebevoll detailgetreu in allen Größen und Maßstäben, ausgestellt sind.

Ich bin nicht resistent, im Gegenteil. Ich mache mich auf den Trail, ausgerüstet sogar mit einem Ausstellungskatalog, den die Reederei bereitstellt. Das ist zwar leider nur ein vierseitiges Faltblättchen, und entsprechend mager sind die Informationen, die aus ihm zu ziehen sind, doch es weist dem Pfadsucher immerhin den Weg durch das Labyrinth der Flure, Decks und Treppenhäuser zu den über das ganze Schiff verteilten historischen Schaustücken, Bildern, Seekarten, nautischen Geräten, Modellen in Vitrinen und den Einrichtungsgegenständen, die zum Teil noch aus den berühmten Vorgängerinnen der QE2, der Mauretania, Queen Mary und Queen Elizabeth, stammen und so die ungebrochene Kontinuität der ältesten und berühmtesten atlantischen Reederei anschaulich demonstrieren.

Angefangen hat alles an jenem 5. Januar 1815 mit der James Monroe. Von New York nach Liverpool und retour, hin und her, Abfahrt pünktlich wie die Eisenbahn, Ankunft je nach Wetterlage. (Im Fall der Jungfernfahrt: nach 28 Tagen.) Das war neu. Es war der Sprung in eine neue Zeit, die Etablierung eines zukunfts- und gewinnträchtigen Gewerbes. Es war die Erfindung des regelmäßigen, kalkulierbaren Personenverkehrs zwischen den Kontinenten. Erst mit dem transatlantischen Liniendienst traten Amerika und Europa wirklich in Kontakt zueinander, lernten die Menschen beider Erdteile einander kennen.

Bislang waren Passagiere Beiladung, hatten sich nach den Auftragsbüchern der Reeder zu richten, hatten sich zu bescheiden. Vor allem was ihr Wohlergehen an Bord anging. Darauf verschwendeten weder Reeder noch Kapitän viele Gedanken. Was für Seeleute gut genug war, mußte den mitreisenden Landratten allemal reichen. Das hieß: Die Fahrt über das große Meer war für den nicht seebefahrenen Normalbürger eine Tortur, der er sich keinesfalls zum Vergnügen, sondern nur dann unterzog, wenn es sich beim besten Willen nicht vermeiden ließ.

Mit dem Dreimaster James Monroe, 424 Tonnen, zwei Decks, 14 Kajüten, war erstmals ein Schiff nicht ausschließlich als Transportmittel für Fracht, sondern auch als schwimmendes Hotel gebaut worden. Den Reisenden erwarteten zwar winzige, aber mit Seidenholz verkleidete Kabinen, deren Türen von Säulchen und Giebeln aus Carraramarmor gerahmt waren. Dazu ein Salon in ägyptischem Porphyr und Mahagoni ... Schon mit dem ersten transatlantischen Passagierschiff begann die Entwicklung hin zum Ausstattungsluxus, der um die Jahrhundertwende im sprichwörtlichen »Steamboat Baroque« gipfelte, mit dem die Schifffahrtslinien der Nationen einander zu übertrumpfen suchten und der in den wilhelminischen Großschiffen am bombastischsten wucherte.

»Hotelismus ist eine moderne Krankheit, die im Gefolge der Schiffsdampfmaschine aufkam, eine Art künstlerische Wasserscheu, die bewirkt, daß die Innenarchitekten moderner Liner in der tödlichen Angst leben, irgendwelche Anzeichen dafür zu hinterlassen, der Schauplatz ihrer Bemühungen befinde sich auf einem Wasserfahrzeug. Von dieser Panik umgetrieben, laufen sie Amok in allen Farben des Regenbogens und mit Hekatomben von Blattgold, eine Schleppe der Verwüstung hinter sich herziehend, die Salomo in all seiner Pracht armselig und schäbig erscheinen ließe.« (C.R. Benstead)

Am 17. Juni 1817 entdeckte einer der Wachhabenden in der Telegrafenstation auf Cape Clear vor der südirischen Küste am Horizont ein brennendes Schiff. Sofort wurde einer der dort stationierten flinken Zollkutter zur Rettung ausgeschickt. Verblüfft mußte der Kapitän feststellen, daß es ihm nicht gelang, das fremde Schiff, das kaum Segel gesetzt hatte und nach wie vor heftig rauchte, einzuholen. Also ließ er ihm, es zu stoppen, einige Schüsse aus der Bordkanone vor den Bug setzen. Mit Erfolg. Das brennende Schiff drehte bei und erwartete den Zollkutter. Beim Näherkommen erkannte dessen Kapitän seinen Irrtum: Das aufgebrachte Schiff war ein Dreimast-Rahsegler mit einem heftig rauchenden Schornstein und zwei Schaufelrädern zu Seiten. Zwar hatte er Raddampfer vorher schon gesehen, aber noch nie auf dem offenen Atlantik. Woher er denn käme? »Von New York«, antwortete Kapitän Rogers.

Damit hatte Kapitän und Eigner Moses Rogers sich und sein Schiff, die Savannah, als das erste, das mit Maschinenkraft (and a little help from her sails) den Atlantik gequert hatte, in die Annalen der Schiffahrtgeschichte eingeschrieben. Auch die Savannah war als Passagierschiff konzipiert, obwohl ihre 32 Kabinen und zwei Salons bei der historischen Reise leer geblieben waren. Es hatten sich keine mutigen Passagiere gefunden, die sich diesem modernen Teufelsding gleich für eine Atlantiküberquerung anvertrauen wollten. Gut ja, als Flußdampfer, warum nicht – aber über den Ozean?! Die Passagiere fanden sich bald. Es fanden sich Reeder, es wurden Schiffe gebaut, Paketsegler wie Raddampfer, die den Atlantik regelmäßig querten.

Auftritt Samuel Cunard aus Halifax, Nova Scotia, Urenkel eines Krefelder Auswanderers namens Thones Kunders. Zu jener Zeit, als der Atlantik im Personentransportgewerbe interessant wurde, war der Selfmade-Millionär im Küstenfrachtseglerbusiness bereits fünfzig Jahre alt. Eine Flotte von vierzig Schiffen gehörte ihm, er hatte es zu was gebracht, er war jemand, in der Kirche konnte er für seine Familie die erste Bankreihe reklamieren. Doch statt sich zurückzulehnen und endlich die Früchte jahrzehntelangen Schuftens zu genießen, ließ sich Samuel Cunard auf das Abenteuer seines Lebens ein. Und schrieb erst eigentlich damit die Erfolgsstory, die seinen Namen zum Begriff bis heute macht.

Gehen wir ihn besuchen. Machen wir uns auf zum Upper Deck, vorbei an der Grand Lounge, wo die Tanzgruppe gerade eine Probe für die abendliche Broadwayshow abhält – »... and one and two and one and two ...«, zehn junge Leute in Leggings, Bodys und kessen T-Shirts, heiter konzentriert bei der Arbeit –, vorbei am Tours & Travel Office, wo wir unseren Theaterbesuch in New York oder den Ausflug zu den Niagarafällen buchen können. Angekommen in der Lobby vor dem Yacht Club am Heck. An der Wand, effektvoll angestrahlt, ein Porträt, zwei große Schiffsmodelle und ein imponierend kitschiger, rankenüberwucherter Silberpokal von fast einem Meter Höhe.

Das Porträt zeigt Samuel Cunard »in der Blüte

seiner Jahre«, also noch lange, bevor Queen Victoria den 72jährigen 1859 für seine Verdienste im Krimkrieg (als Truppentransporteur) zum Baronet und Sir geschlagen hatte. Wie es Zeitgenossen über den Mann berichten, sieht man auch dem Porträt das Einzigartige der Persönlichkeit Cunards nicht an. Ein runder Schädel, breite Stirn, hohe Backenknochen, ein etwas verkniffener Mund über fleischigem Kinn. Aber sehr wache Augen. Dazu Backenbart, hoher Kragen, voluminöse Seidenschleife. Ein Biedermann und Buchhaltertyp. Bedeutendes sucht man vergeblich. Und so auch ist er vielen erschienen: klein von Gestalt, eher ungelenk im Auftreten, zurückhaltend bis zur Schüchternheit, pragmatisch bis zur Phantasielosigkeit. Die ihn besser kannten, wußten, daß er diesen Eindruck durchaus pflegte, um damit den anderen Samuel Cunard zu maskieren; den Visionär, der zu neuen Ufern aufbrechen wollte, den Abenteurer, der das Risiko suchte, und den Entrepreneur, der in globalen Zusammenhängen plante. »Mein Feld ist die Welt«, das stolze Firmenmotto der Hamburg-Amerika Linie, hätte durchaus auch zu Samuel Cunard gepaßt. Doch derart protzige Selbstdarstellung wäre ihm ein Greuel gewesen.

»British and North American Royal Mail Steam Packet Company«. Unter diesem schwerfälligen Firmentitel traten Cunard und seine Mitgesellschafter 1840 an, mit der Britannia, ihrem ersten Schiff, den Atlantik zu erobern. Spiritus rector, treibende Kraft und Hauptinvestor war und blieb Samuel Cunard. So ist es nicht verwunderlich, daß bald schon jedermann von dem Unternehmen als der Cunard-Line sprach. Das »Royal Mail« im Firmentitel besagt, daß es Cunard gelungen war, von der britischen Admiralität das lukrative Privileg (£ 60.000 jährliche Subvention) zur Postbeförderung zwischen England und Amerika zugeschlagen zu bekommen.

Neben dem Porträt die prächtigen Modelle: die berühmte Britannia von 1840 und die wenig später gebaute Asia. Skurril schauen sie aus; Segelschiffe, denen man mittschiffs ein Paar riesiger Ohrenschützer oder Kopfhörer übergestülpt hat, die mächtigen Schaufelradkästen. Dazu ein zwischen den Masten unvermittelt aus dem Deck ragender, überproportionaler Schornstein (im Cunard-Rot mit schwarzem Rand, schon damals). Daß zu Anfang kaum jemand den Mut aufbrachte, sich diesen merkwürdigen Schiffszwittern für eine Ozeanüberquerung anzuvertrauen, leuchtet ein. Zumal die Schaufelräder doch recht spillrig und fragil wirken. Sich diese Nachen mit gereiften Segeln, tapfer dampfend und geschäftig paddelnd, im Chaos einer aufgewühlten See vorzustellen, wie wir sie zwei Tage lang erlebt haben … Nein, auf der QE2 fühlen wir uns doch bedeutend besser aufgehoben.

Aber sie waren sicherer und verläßlicher, als man meinen sollte. Sonst hätte sich der Risiken immer genau kalkulierende Mr. Cunard wohl auch nicht auf sie eingelassen und wäre bei seinen Segelschiffen geblieben, die ihn reich gemacht hatten. Immerhin hatte sich Cunard mit dem Schotten Robert Napier auch den weltbesten, innovativsten Konstrukteur und Erbauer von Schiffsdampfmaschinen zum Partner gewählt. »On the Clyde« wurden Cunards Schiffe gebaut. Noch die QE2 ist bei ihrem Stapellauf vom Wasser des Clyde bei Glasgow umspült worden.

Schon mit ihrer Jungfernfahrt am 4. Juli 1840 von Liverpool nach Halifax, an Bord Samuel Cunard und Tochter Ann, setzte die Britannia neue Zeitmargen: den Nordatlantik in zwölf Tagen und zehn Stunden. Cunard hatte es Captain Samuel Woodruff schriftlich gegeben: »Für die Teilhaber der Britannia ist es von höchster Wichtigkeit, daß sie sich einen Ruf für Schnelligkeit und Sicherheit erwirbt.« Der Kapitän holte aus der neuen Maschine heraus, was drin war. Und hatte Glück dabei.

Denn natürlich ging es, Cunards löbliches Sicherheitsdenken hin oder her, auch und vor allem um Schnelligkeit. Damit, der Schnellste zu sein, waren Schlagzeilen zu machen, dadurch war die Konkurrenz auszustechen. Ab dem ersten Tag der Passagierdienste und nicht selten unter Hintanstellung aller Sicherheitsbedenken. Schnelligkeit und Komfort sollten die beiden wichtigsten Kriterien im Konkurrenzkampf um Passagiere bleiben. (Daß sie dabei die Sicherheit sträflich vernachlässigte, sollte Cunards gefährlichstem Konkurrenten, der amerikanischen Collins-Line, bald schon das Genick brechen.) Die Unterbietung transatlantischer Geschwindigkeitsrekorde war mehr als hundert Jahre lang erstklassiges Schlagzeilenmaterial, an das heute kein Weltrekord zu Lande oder Luft heranreicht.

Schon als 1838 die Great Western, ein behäbiger Raddampfer auch sie, die Überquerung erstmals in 14 Tagen geschafft hatte, schrieben die Zeitungen von der »annihilation of space and time«, der Aufhebung von Raum und Zeit. Und als 15 Jahre später die Pacific die Passage in weniger als zehn Tagen bewältigte, schien ein neues Zeitalter des ungesteuerten Geschwindigkeitsrausches angebrochen. Die Dauer von Atlantiküberquerungen brachte nationale Empfindlichkeiten zum Kochen: »Geschwindigkeit! Es geht um Geschwindigkeit«, röhrte ein amerikanischer Senator zu jener Zeit, »gegen die diese Engländer nicht konkurrieren können. Geschwindigkeit in einer Größenordnung, wie sie sich die britische Regierung und ihr Werkzeug, dieser Herr Cunard, gar nicht vorstellen, geschweige denn verwirklichen können.«

Dieser Herr Cunard konnte doch. Um eine bücher-, ja bibliothekenfüllende Geschichte kurzzuschließen: Für 22 Jahre, von 1907 bis 1929, hielt Cunards Mauretania, zu ihrer Zeit das mächtigste Schiff, die Legende schlechthin, das Blaue Band, the Blue Riband, den ominösen Geschwindigkeitsrekord für Transatlantiküberquerungen, um den Nationen wetteiferten. Versteht sich, daß die Cunarder, so urbritisch wie nur je eine britische Firma, nie ein Wort darüber verloren. Das taten die anderen, das war Werbung genug.

Ein Wort noch zu dem riesigen Silberpott dort in der Lounge vor dem Yacht Club, der in seiner monströsen Häßlichkeit schon wieder ansehenswert ist. Den haben 1840 die dankbaren Bostoner

Samuel Cunard bei der triumphalen ersten Einfahrt seiner Britannia in ihren Hafen überreicht. Hatte Cunard im Vertrag mit der englischen Admiralität doch ausgehandelt, daß Boston und nicht etwa dessen großer Konkurrent New York regelmäßiger Anlaufhafen (neben Halifax) der neuen Linie werden sollte. Und die Bostoner Handelsherren wußten, was das an merkantilem Zugewinn bedeuten würde.

Der Captain gibt einen aus

Stultifera navis. Ein Narrenschiff. Absurdes Theater pur. Um es ganz auszukosten, dürfte man nicht selbst als Darsteller auf der Bühne der Eitelkeiten stehen, müßte man das Ereignis mit dem Blick des Fremden von weit außerhalb betrachten können. Als Außerirdischer vielleicht. Die skurrilen Rituale einer unendlich fremden Zivilisation: Ein paar hundert merkwürdig aufgekratzte Lebewesen, in uniform schwarzweißer Verkleidung, Smoking nennen sie das, oder in Schrillbunt, Glitter und Gefunkel, die sich dort, in einem mit Flaggen, bunten Ballons und Blumenbuketts herausgeputzten Saal, Gläser in der Hand, lächelnd alle, gedrängt auf engstem Raum, obwohl es ringsum Platz hat in Fülle, über den schmelzenden Weisen eines unerhört vor sich hin musizierenden Salonorchesters verständlich zu machen suchen, Konversation nennen sie das, während man sie, inmitten von dreitausend Meilen Wasser, dunkel wogend, kalt und feindlich, auf einer dünnen stählernen Schale, weitab ihres angestammten Lebensraums, von hier nach dort quer über ein Meer transportiert. – Das nennen sie dann, beispielsweise, Captain's Cocktail oder Senior Officer's Reception, und alle die dafür handverlesenen Gäste fühlen sich sehr besonders.

Amüsiert hätte unseren außerirdischen Berichterstatter zweifelsohne schon das Eröffnungsritual des gesellschaftlichen Ereignisses: »Please enter the Queen's Room via the portside by the Library« hatte es in zierlich geschwungenen Lettern auf der Einladungskarte, die morgens unter der Kabinentür durchgeschoben worden war, geheißen. (Und, ohne »please«, als Order oder Selbstverständlichkeit »Dress: Formal«.) Also reihen wir uns zur angegebenen Stunde im Foyer neben der Bücherei, festgewandet, paarweise, hochgestimmt.

Am Entree zum Queen's Room empfängt der Gastgeber, unumschränkter Herrscher in seinem Reich, der Kapitän höchstselbst, aufs repräsentabelste: in schneeweißer Abenduniform, Smokingschleife, goldenen Epauletten und weißem, kurzgetrimmtem Vollbart. Drei QE2-Kapitäne kennengelernt habend, allesamt weißkurzvollbärtig, drängt sich die Vermutung auf, die seriöse Barttracht sei womöglich vertragliche Voraussetzung, Cunards Flaggschiff führen zu dürfen. Zugegeben: Ich habe nicht nachrecherchiert. Vielleicht ist es ja nur eine Art selbstauferlegter Traditionspflege unter den Masters of the Ship: Schon der Jungfernfahrtkapitän, Commodore William E. Warwick, trug den phänotypischen Joseph-Conrad-Kapitänsbart. (Der unglückselige Captain Smith von der Titanic – kein Cunarder, da legen wir entschieden Wert drauf! – allerdings auch ...)

Neben dem Kapitän steht in großer Robe die Social Directress, huldvoll jedem herantretenden Paar sich zuneigend, den Namen abfragend und dem Captain zuflüsternd. Mit herzlichem Handschlag heißt der dann, im Trubel nur die Hälfte verstehend und die falsch, Mr. und Mrs. Wakting willkommen. Wir fühlen uns dennoch geehrt.

Das ist die große Stunde des Bordfotografen. Routiniert wird Shakehands auf Shakehands abgelichtet, während die Assistentin hektisch den Film der zweiten Kamera wechselt. Am nächsten Morgen pinnen die exklusiven Schüsse – wir und der Captain zu sechs Dollar fuffzig – auf großen Tafeln dicht an dicht zum Verkauf. Und wir kaufen, gleichgültig wie unvorteilhaft die lichtbildnerischen Bemühungen ausgefallen sein mögen, schließlich ist's eine womöglich einmalige Gelegenheit.

Der Queen's Room, mittschiffs auf dem Quarterdeck die gesamte Breite der QE2 einnehmend, ist, nächst der Grand Lounge ein Deck darüber, der größte und zentrale Treffpunkt gesellschaftlicher Aktivität und Selbstdarstellung. Kein anderer der öffentlichen Räume verweist in seinem Design noch so eindeutig auf die Planungs- und Entstehungszeit der Queen. Im Laufe der Jahrzehnte ist das Schiff, veränderten Erfordernissen und innenarchitektonischen Trends Rechnung tragend, immer wieder umgebaut und neu dekoriert worden. Der Queen's Room aber hat sein Gesicht behalten. Und das ist schön so. Unverkennbar und mit einem gewissen nostalgischen Schulterzucken signalisiert der Saal: Was soll's, so waren nun mal Stilempfinden und Vorstellung von Luxus der frühen Sechziger. – QE2, eine gereifte Dame von Welt, die zu ihrem Alter steht und es nicht mehr nötig sieht, jeder neuesten Mode hinterherzulaufen.

Die gestalterischen Dominanten: cremeweißes

Plastik und konsequent abgerundete Ecken. Schlanke, zur Decke trompetenförmig ausschwingende Säulen aus Glasfiber tragen eine Kassettendecke mit raffiniert indirekter Beleuchtung und lassen den niedrigen Raum höher erscheinen. Die Enterprise der frühen Jahre und andere mediale Raumschiffe jener fernen Zeit waren ähnlich ausgestattet. Ein bißchen hausbacken wirkt das heute, underdressed und eher mittelständisch bieder als auftrumpfend oder gar effektreich überwältigend. Wäre es nicht gar zu despektierlich, man könnte insgeheim »Eisdiele« assoziieren. Doch das verbietet allein schon die unübersehbare Gegenwart Ihrer Majestät in Form einer Büste, die dem Raum »subtle dignity« verleiht, wie der Historiograph des Schiffes, Ronald W. Warwick, in subtiler Würde formuliert. (Auch er übrigens, Sohn jenes ersten Kapitäns und Commodore, einer der amtierenden Master der QE2. Und somit – natürlich – Träger eines gepflegten weißen, kurzgetrimmten Vollbartes.)

Künstlich patiniert vor blaugefältetem Samt thront die verblüffend unähnliche Porträtplastik Ihrer Majestät, von roten Neonröhren magisch erleuchtet, in einer Nische an der Stirn des Saales. Zwei opulente Blumenarrangements rahmen das unbedingt – so oder so – beeindruckende Ensemble. Dem Betrachter keinen Blick gönnend, wendet Elizabeth II. mit abweisend verschlossener Miene das bekrönte Bronzehaupt streng zur Seite. »Weil sich das Bildwerk seiner Häßlichkeit schämt«, wird hinter der Hand eines respektlosen Kunstfreundes Kommentar kolportiert.

Da wir nun mal beim neuralgischen Thema sind: Man sollte die omnipräsente »künstlerische« Bereicherung des Schiffsambientes, plastisch im Raum stehend, Wände quadratmeterweise füllend, tunlichst mit großzügiger Sympathie und weichgezeichnet übersehen oder unter Festdekoration abhaken. Das gestalterische Bemühen ist ja auch liebenswert und bringt Farbe, Abwechslung, mitunter Verblüffung in die Schiffsspaziergänge. Mit wirklicher Kunst allerdings, die Aufmerksamkeit, gar Auseinandersetzung einforderte, hat es wenig zu tun. All die Bronze-, Stein- und Aluminiumplastiken, Reliefs und Bildteppiche, Wand- und Glasmalereien in Treppenhäusern, Restaurants und Bars, changierend zwischen pathetisch, prätentiös und gefällig, – es schmückt, es amüsiert, es stört nicht und gefällt wohl gar. Fehlte es, es würde was fehlen. (Was etwa wäre eine italienische Eisdiele ohne die obligaten schwergespachtelten »Fischerboote mit rauchendem Vesuv bei Sonnenuntergang«?! Na also!)

Zurück in den Queen's Room: Als ich von der uniformen männlichen Festverkleidung sprach, derer man in unseren Zonen bei gegebenem Anlaß nicht entraten zu können glaubt – schwarzer Smoking, weißes Dinnerjackett, schwarze Schleife, weißes Hemd, schwarzer Kummerbund, weißes Einstecktüchlein … die Variationsmöglichkeiten minimal, allenfalls Brillanten als Hemdknöpfe, um sich von den anderen Pinguinen abheben zu können –, habe ich die Exzentriker übersehen. Was aber könnte einen Exzentriker härter treffen, als übersehen zu werden. Schließlich hat er wochenlang über sein optimales Outfit für den speziellen Anlaß sinniert, hat schneidern lassen, ist suchend durch exklusive Herrenausstatterläden gestreift …

Nun hat er seinen Auftritt. Auf dem Schiff der Schiffe. Bei Captain's Reception. Beispielsweise, farblich immerhin angepaßt, im schwarzen Seidenfrack à la façon d'ancêtres mit weißen Galoschen über Lackschuhen, weißen Handschuhen und Seidenschal, mit Monokel und schwarzem Silberknaufstock. Johannes Heesters meets Charlie Chaplin. Oder im von Kopf bis Fuß violettgrauen Highlanderkostüm samt Kilt, Schmusedecke über der Schulter und Messer im Strumpf. Oder im froschgrünen Countrylook-Tuxedo über rüschenbesetztem, weit geöffneten Errol Flynn-Piratenhemd, Goldketten pfundweise auf der gebräunten Brust. Oder im … – Der irische Archdeacon, schwarzes Priesterhemd mit rundem Tipp-ex-Kragen unter glänzig abgetragenem Anzug, hat nichts weniger im Sinn, denn als Exzentriker aufzufallen. Hilft ihm nix, er zieht die Blicke auf sich, mehr als jeder der narzistischen Selbstdarsteller: Zwei Meter groß mindestens, drei Zentner schwer wenigstens, sein Baß schwarz dröhnend wie die tiefste Pfeife seiner Kirchenorgel.

Kurze Nachbemerkung: Natürlich ist die Disposition zur Exzentrik nicht ausschließlich oder vorrangig dem männlichen Geschlecht vorbehalten. (Eine Plattitüde. Wäre dem so, es stünde schlecht um die Modebranche.) Doch die Exzentrikerin hat angesichts der Variationsbreite und mitunter bis zur Tollkühnheit reichenden Phantasie im modischen Auftreten auch ihrer normalbürgerlichen Geschlechtsgenossinnen bei den »Social Gatherings« auf der QE2 einen ungleich schwereren Stand als ihr männliches Pendant, dem schon, siehe oben, ein wenig Mut zur Farbe reicht.

Ein weiteres Amüsement jener observierenden Außerirdischen, wenn es sie denn amüsierte, uns zuzuschauen, ist situationskomisch und verschließt sich der Beschreibung. Man muß es gesehen haben. Dabei ist es nichts weiter als dann und wann ein simpler Sidestep, plötzlich und unvermutet, wie angelegentlich und völlig synchron ausgeführt von den paar hundert mit Champagnerkelch, Häppchen, Zigarette und Konversation Befaßten: Eine Welle trifft das Schiff von links und – hups! – vollführen wir alle wie auf geheimes Kommando einen anmutigen Ausfallschritt nach rechts, ohne es selbst auch nur wahrzunehmen. Welle von rechts und – hups! – massenhaft synchroner Sidestep nach links, Glas, Brötchen und Geplauder locker balancierend. Zum Schreien komisch. Aber keiner da, nicht einmal Alf, darüber zu lachen.

Im festlichen Getümmel der illustren Gesellschaft fallen die vier Herren kaum auf. Wenn doch, dann durch besonders makellose Garderobe, besonders souveränes Auftreten, besonders anregende Konversation. Und durch ein kleines Namensschild am weißschimmernden Dinnerjackett. Die vier distinguierten Herren mit den grauen Schläfen scheinen sich blendend zu amüsieren. Die Damen in ihrer Gesellschaft nicht minder. Sie genießen Pointen, Komplimente und Aufmerksamkeiten, das ganze Repertoire der kleinen Gesten vollendet weltmännischer Höflichkeit. Die alte Kavaliersschule par excellence. Doch die vier sind nicht zum Vergnügen hier. Die vier sind im Dienst. Als Gentleman Hosts.

Was ist denn das, ein Gentleman Host? Ja, also – erst einmal: Eine Spezialität der QE2. Ein exklusiver Service für alleinreisende Damen, wohlhabende Witwen zumeist. Erfahrungesgemäß reist die Mehrzahl der männlichen Passagiere mit weiblicher Begleitung – ob in jedem Fall der Ehefrau, sei dahingestellt –, und wie die Erfahrung weiter lehrt, ist die Leidenschaft, geschweige die Befähigung zur routinierten Ausübung des Gesellschaftstanzes beim männlichen Geschlecht deutlich geringer ausgeprägt als beim weiblichen. Kurz: Entweder sind die Männer vergeben und liegen an der Leine und/oder sie tanzen ungern und/oder miserabel. In diese Bedarfslücke springt der Gentleman Host. Er ist Gesellschafter und Tanzpartner. Nichts mehr, nichts anderes!, wie im Büro des Social Director unausgesprochen aber deutlich betont wird.

In der Tat: Vom leicht anrüchigen Klischeebild des Eintänzers für Geld, des Berufscharmeurs und professionellen Gigolos mit brillantineglänzender Frisur und Menjoubärtchen, wie es aus den Zwanzigern überliefert ist, trennen die Gentleman Hosts der QE2 Welten. Soigniert, distinguiert, kultiviert ... dergleichen altmodische Attribute kommen in den Sinn, wenn man die Herren (nicht ohne Neugier) bei der Ausübung ihres wohl nur scheinbar so leichten Berufs beobachtet. – Und doch scheint man bei Cunard, diesen Service betreffend, von einer gewissen Befangenheit und verschämten Zurückhaltung: Keiner der Hochglanzprospekte, in denen, von der ärztlichen Betreuung über den Kindergarten, die Lectures und Sportangebote bis zum Zahlmeisterbüro, die Fülle der Serviceleistungen an Bord aufgelistet ist, erwähnt die Gentleman Hosts mit einem Wort.

Dabei ist es eigentlich gar kein Beruf, zumindest vom Verdienst her gesehen. Denn sie verdienen nichts dabei, sieht man vom kostenlosen Vergnügen ab, auf der QE2 reisen und die Annehmlickeiten eines zahlenden Passagiers genießen zu können. Und so haben sie denn alle gestandene Berufsbiographien vorzuweisen: Der eine ist Banker im Ruhestand, der andere Architekt. Gemeinsam ist ihnen, daß sie alleinstehend sind, gern reisen und sich die Zeit dafür nehmen können, daß sie ausnehmend gut tanzen und sich in Gesellschaft bewegen können wie Fische im Wasser. Die eine und andere Fremdsprache, eine gehörige Portion Witz, Intelligenz und Extrovertiertheit sollten nicht fehlen.

Und so sieht man sie denn tagtäglich schon am Vormittag bei der »Complimentary Dance Class with Dance Champions Warren and Daniella Smith« mit wechselnden Partnerinnen konzentriert an komplizierten Schritten und Drehungen feilen, beobachtet neidvoll, wie versiert sie beim High Tea mit Tasse, Törtchen und Konversation jonglieren, und bewundert rückhaltlos, wenn sie beim abendlichen Ball leicht, elegant und sicher über das Parkett gleiten.

Am begehrtesten unter den Sondereinladungen ist die der Offiziere: »The Officers Request the Pleasure of Your Company for Cocktails in The Wardroom«. Zum einen ist die Offiziersmesse so klein, daß man als Eingeladener automatisch zu einer privilegierten Schar Auserwählter gehört. (Und es macht sich gut, wie nebenher in die Konversation einfließen lassen zu können: »Wir nehmen den Cocktail heute im Wardroom.«) Zum anderen soll, wie es heißt, dieser uns Passagieren ansonsten verschlossene Gesellschaftsraum der atmosphärischste auf dem Schiff sein und nächst dem Allerheiligsten, der Brücke, den spektakulärsten Ausblick bieten.

Alles stimmt. Der Wardroom ist – geschlechtsspezifisch klassifiziert – unverkennbar ein Männerraum. (Als »Herrenzimmer« wäre er um etliche Grade zu gutbürgerlich beschrieben). Ein angenehm patinierter, sehr englischer Männerraum, mild verschlissen, unorthodox wohnlich; Mischung aus Lobby, Pub, Club, Sportvereinslokal. Niedrige Tische, kleine Lämpchen, tiefe Ledersessel mit breiten Armlehnen zum bequemen Abstellen der Drinks, eine gemütliche Theke mit glitzernden Flaschenbatterien, statt Bücherregalen ein riesiger Fernsehschirm, kein innenarchitektonischer Schnickschnack. Dafür an den Holzwänden Trophäen dicht an dicht, maritime Devotionalien sonder Zahl. Plaketten, Stadtwappen, Schiffsansichten, Wimpel, Zierteller jeglicher Geschmacksverirrung – allesamt mit gepunzten, gravierten, brandgemalten, kunstgeletterten Inschriften und Dedikationen versehen –, die weltweit umtriebige Biographie des Schiffes und seiner Crew dokumentierend.

Natürlich dürfen auch hier die Royals nicht fehlen. Unter einem persönlich gewidmeten, erstaunlich heiteren und privaten Foto Ihrer Majestät aus jüngeren Jahren liegt das Goldene Buch der QE2 aufgeschlagen; die Eintragung des letzten prominenten Ehrengastes, Nelson Mandelas, mit einer Gänsefeder als Schreibutensil schräg darüber eindrucksvoll dekoriert. Seine Handschrift ist so sympathisch wie sein Lächeln, so dekorativ wie seine berühmten Hemden.

Weißbejackte Stewards bieten auf silbernen Tabletts Canapés in Schiffchenform feil und schenken Champagner nach, in drangvoller Enge plaudert man angeregt über Höcksken und Stöcksken, Bayreuth, Aktienkurse, Salzburg oder Südsee, vor den Bullaugen sinkt in orangeroter Pracht die Sonne ins Meer und zeichnet das Make-up der Damen weich. – Ja, auch das stimmt: Der Blick aus den Fenstern des Wardroom, zumal zur Cocktailstunde direkt in den Sonnenuntergang westwärts voraus, den endlosen Atlantik zu Füßen, gehört zu den schönsten Aussichten der QE2. Auch wenn eigentlich nichts als Wasser, Wasser, Wasser und darüber Himmel, Himmel, Himmel zu sehen ist. Und der schlanke Keil des weißen Schiffbugs, der sich überlegen ruhig in die Wellen senkt, aus den Wellen hebt, senkt, hebt. Ich kenne wenig, das ein größeres Gefühl von Sicherheit vermittelte – sei es so trügerisch, wie es will (Titanic allerorten) – als ein großes Schiff, gar dieses Schiff, das still und stetig seinen Weg über einen Ozean zieht.

Allmählich, um nicht schon angetütelt zu sein, bevor der Abend überhaupt erst begonnen hat, wird es Zeit fürs Dinner.

Das Diktat der Beschäftigungstherapie

Es gibt den Jet-lag. Den kennt man. Der ist unangenehm. Einen Tag braucht es mindestens, ihn wieder aus Leib und Hirn zu kriegen. Es gibt auch den viel weniger erforschten Ship-lag. Der ist angenehm. Und darum gefährlicher. Denn der kann süchtig machen. Seine Symptome: Energielose Inaktivität, wohlige Schlafmützigkeit, voll akzeptierte Fremdbestimmtheit. Der Wunsch ganz einfach, sich immer weiter so verwöhnen zu lassen, ohne irgendwas dazutun zu müssen. Außer allenfalls, in angenehm bemessenen Zeitabständen sich aufzuraffen, um in schöner Umgebung exquisite Speisen zu verzehren. Äußerstenfalls vielleicht noch: hier ein wenig beim Tontaubenschießen zuzuschauen, dort über einem Gin Tonic ein bißchen zu plaudern, mal durch die Läden zu schlendern, pro forma Ansichtskarten zu kaufen, jedoch keinen Gedanken daran zu verschwenden, ob man je die Energie werde aufbringen können, sie auch zu schreiben. Nach solchen Aktivitätsausbrüchen allerdings sollte es der Infizierte für dringend geboten ansehen, sich seinem Leiden wieder voll zu widmen. Wohlig seufzend versenkt er sich in einen tiefen Sessel, auf einer weichen Couch, schlägt die Reiselektüre an der seit Tagen selben Seite auf und träumt hinaus in die weithin rollende und segelnde Wogen- und Wolkenlandschaft.

Überall an Bord findet man uns Bedauernswerte, widerstandslos dem Trägheitsmoment Ausgelieferte. Nach eigener Erfahrung geht's auf dem Sonnendeck am besten: Durch hohe Glaswände vor dem Wind geschützt, überragt von der Monumentalplastik des schönsten Schornsteins, der je entworfen wurde, ausgestreckt auf bequemen Deckstühlen, vom Steward geübten Griffs in schwere Wolldecken eingeschlagen wie in einen Kokon und fürsorglich freundlich mit Tee oder Kaffee versorgt. So dämmert man wunschlos in den endlich unendlich blauen Himmel, mit dem guten Gewissen zudem, dabei auch noch was für seine Gesundheit zu tun: frische Seeluft und Sonne.

Diesem immobilen Zustand ihrer Passagiere abzuhelfen, hält die Reederei ein erfahrenes Team von Spezialisten und eine über die Jahrzehnte bewährte Therapie bereit: den Cruise Director mit seinen Assistenten und das Daily Programme. »My job is to keep people occupied«, umreißt Brian Price die Philosophie seiner Tätigkeit als Cruise Director der QE2 kurz und bündig: Er hat die Leute auf Trab zu halten. Gerade während der fünf, sechs Tage einer Atlantiküberquerung sei es besonders wichtig, keine Langeweile aufkommen zu lassen. Auf Kreuzfahrten lege das Schiff immerhin jeden zweiten Tag in einem anderen Hafen an, da könne man Pompeji besichtigen oder eine Stabkirche besuchen, durch eine Kasbah streifen oder über die Kungsgatan schlendern. Und natürlich das Wichtigste: Souvenirs einkaufen. Manche gingen gar in Museen. Man mache jedenfalls was. Auf dem Circle müßten mangels solcher Möglichkeiten schiffseigene High-Quality-Beschäftigungsangebote gemacht werden. Wir hören es mit Staunen. Wir hatten bislang kein Problembewußtsein. Und kein Problem.

Zwischen fünfzig bis siebzig Aktivitäten, von Hi-Lo Aerobics (keine Ahnung, tut mir leid) um acht Uhr früh bis zum Open End mit DJ Eddie Green im Yacht Club spät in der Nacht kann man wählen. Alles akribisch aufgelistet mit Zeit- und Ortsangabe samt zweckdienlichen Hinweisen (»Please wear appropriate footwear«) im vierseitigen Tagesprogramm, das jeden Abend unter der Kabinentür durchgeschoben wird. (Außerdem, noch vor dem Frühstück, die schiffseigene Ausgabe der Times. Moderne Kommunikationstechnik via Satellit macht's möglich. Für uns zusätzlich eine Deutsche Rundschau samt aktuellen Fußballergebnissen und Börsenkursen. Tief unten an der Wasserlinie, im kleinen, hochmodernen Printshop machen sie die Nacht zum Tag, wie in jeder Zeitungsdruckerei auf festem Boden.)

Schaut man sich das Daily Programme genauer an, wird man feststellen, daß der überbordenden, einander überlappenden wilden Mischung gesteuerter und ungesteuerter, angeleiteter, geführter und begleiteter Aktivitäten doch ein System zugrunde liegt. In fünf Kategorien ließe es sich, wenn man denn partout wollte, gliedern. Nennen wir sie 1. Intellektuelles Flanieren, 2. Kreatives Gestalten, 3. Geselliges Spielen, 4. Sportives Agieren und 5. Kulturelles Konsumieren. – Neben allem anderen ist das Schiff, wie sich herausstellt, auch die größte schwimmende Volkshochschule.

Keine deutschen Typs allerdings. Tiefschürfelei, Langweilerei und Staubtrockenheit wären hier Todsünden. Man möchte seinen Kopf gern ein wenig spazierenführen, ein Marathon jedoch soll es nicht werden. Von der hohen Kunst des Serviettenfaltens bis zur Urknalltheorie reicht die Bandbreite der Vorträge, Lectures und Workshops. Interessenten finden sich noch für die abseitigsten Themen. Für die besonders. Alles ist möglich. Nur langweilen darf es nicht. Man muß sein Thema rüberbringen können, locker, flockig, witzig. Der Dozent als Entertainer. Wir wollen nicht überfordert werden, wollen lachen dürfen zwischenrein. Auch das wird thematisiert: »Lebensfreude – Dreh die Segel in den Wind« hat Motivational Speaker Judy Suiter ihre Vortragsreihe überschrieben. Unter Zuhilfenahme zahlloser Overheadprojektionen entfaltet sie um zwölf Uhr im Queen's Room, ziemlich freudlos routiniert und damit didaktisch eher untypisch und kontrathematisch, ihre vielleicht doch schon mal gehörte These, daß Lernen sich direkt proportional zur Menge an Spaß verhalte, den man dabei hat. Der Zuhörerkreis ist überschaubar. Es ist ihre vierte Vorlesung. Immerhin, Frau Suiter ist Präsidentin der Competitive Edge Inc. und Bachelor of Science for Industrial and Personnel Psychology. Ohnehin: Das Renommee der Vortragenden kann beeindrucken. Für Cunard nur das Beste. Vom Herausgeber von Food & Wine über den Kurator der Tate Galerie, den Präsidenten der Internationalen Planetariumsgesellschaft bis hin zum pensionierten amerikanischen Botschafter in Lesotho; sie alle fahren gern auf der QE2.

Eine kursorische Themenliste der teils gehörten, zum größeren Teil, gestehen wir's, lethargiebedingt (siehe oben) geschwänzten Vorträge: New York und sein Hinterland – Füllen Sie Ihre Lebensbatterien neu (Referentin Mrs. Suiter, wer sonst?) – Schätze der britischen Museen – Schlankheit und Ernährung – Die Wahrheit über die Titanic – Organtransplantation – Einführung in Windows '98 – Die königliche Familie nach Diana – Zellulitis, ein Problem – Die private Welt des Herzogs und der Herzogin von Windsor – Amerikanische Hochhausarchitektur – Willkommen in der Welt der Aromatherapie – Umgang mit Geld – Zeitgenössische Kunst zwischen Anspruch und Spinnerei. (Letzters in deutscher Sprache und mit der bemerkenswerten Ankündigung: »Das eine schließt das andere nicht aus, doch für so manchen Künstler ist es eine Gradwanderung. (!)«)

Wir fahren auf einem englischen Schiff. Die Bridgelektionen sind Renner im Programm. Hier herrscht äußerste Konzentration. Wenn da Spaß im Spiel ist, muß er sehr verinnerlicht sein, denkt der flanierende Beobachter angesichts der schweigend über ihren Diagrammen brütenden Kursteilnehmer. Ein Deck höher wird skizziert. Hochmotiviert sitzt die Gruppe in der Chrystal Bar Lounge um ein Podest, auf dem zum Anbeißen frisch ein Früchtekorb aufgebaut ist, und zeichnet unter Anleitung ihres Art Instructors »nature morte«. Draußen rauscht unendlich lebendig der Ozean. Sie sehen nur Zitrone, Orange, Weintraube.

Die Gefahr, auf dem Schiff zu fremdeln, gar zu

vereinsamen, ist minimal, allein schon durch die sprichwörtliche Kontaktfreude der vielen US-Amerikaner unter den Passagieren (an die fünfhundert. Man muß schon sehr viel teutonische Bärbeißigkeit oder aber vergeistigte Weltenferne ausstrahlen, will man nicht von der einen Plauderei hier in den nächsten Small talk dort fallen. Dennoch scheinen die Cruise-Leute in der ständigen Sorge zu leben, es könne dem einen oder anderen unter Extremschüchternheit Leidenden der Gesprächspartner ermangeln. Dem zu wehren, sind die Get-Togethers erfunden worden. Da treffen sich denn, so sie das Bedürfnis verspüren, bei einem Glas Champagner, einem Cocktail, bei dezenter Musik und nicht minder dezenter Regie der Social Directress die Solo Guests, die Rotarier, die Lions, die Teenager, die bekennenden QE2-Repeaters (erkennbar an der stolz zur Schau getragenen silbernen Anstecknadel mit der Silhouette des Schiffs) oder die Grandparents (»Don't forget to bring your fotos«).

Die meisten Angebote des Cruise Director aber zielen auf die eigentliche Problemzone, die überzähligen Pfunde, die körperliche Fitneß. Dennoch geht es auch hier eher moderat zu: Shuffleboard, Gymnastik, Abschlag und Einlochen im netzumspannten Golfkäfig auf dem Hinterdeck, Tischtennis, Aerobic, Eine-Meile-Lauf, Steptanz und Tangolektion. Und tagtäglich jede Menge Verwöhnangebote im Spa-Thalassotherapie-Zentrum: Von der Alpha-Kapsel, bei der man zur totalen Entspannung in Plastikkokons eingeschlossen wird und sich, denk' ich mal, wie in

Stanley Kubriks »2001« fühlt, über Aromatherapiemassage bis zur Seetangpackung. Aber sie haben auch so verwirrende Angebote wie »Body Blitz« und »Fabulous Abdominals«, im deutschen Programm als »Fantastische Bauchübungen« kongenial übersetzt. Alles zusammen dankbar wahrgenommene Maßnahmen, um in erster Linie dem schlechten Gewissen beim unentwegten Nobelfuttern entgegenzuwirken.

Für mehr spielerisch Veranlagte ist die Auswahl eher noch größer. Die »Snowball Bingo Bonanza« darf nicht fehlen, noch »Film Trivial Quiz« und »Team Trivial Pursuit«. Schließlich sind wir auf einem englischen … Sagte ich schon. Auch das »Ship's Daily Tote«, Einsatz zwei Dollar, die tägliche Wette um das Etmal, die von Mittag zu Mittag zurückgelegte Strecke, hat britisch maritime Tradition. Schon gar das »Play Reading«, eine Veranstaltung von hochvergnüglichem Unterhaltungswert. Die Beteiligten allerdings gehen es mit heiligem Ernst an, wie es dem Dienst am Dichterwort ziemt. Oscar Wilde und seiner Komödie »The Importance of Being Earnest« wird die Ehre zuteil, unter persönlicher Anleitung des Cruise Director mit verteilten Rollen gelesen zu werden. Gelesen!, was sage ich da: Mit Inbrunst und Stentorstimme deklamiert, mit nuanciertester psychologischer Einfühlung sprachlich gestaltet! Denn natürlich hat jedes Ensemblemitglied seine Rolle zuvor im stillen Kabinenkämmerlein intensiv geprobt. Nun sitzen sie an vier Nachmittagen zum Kreis geschart im Golden Lion Pub und erwecken John Worthing, Algernon Moncrieff und den Reverend Chasuble, Lady Bracknell und die schusselige Gouvernante Miss Prism, die alles verschuldet hat, zu prallem Leben. Was an Professionalität mangelt, wird durch Engagement und Intensität mehr als wettgemacht. Wildes witzig-intelligente, wenn auch schon etwas angestaubte Wortgefechte blitzen in einer ganz neuen, entpatiniert naiven Echtheit. Verblüffende Erfahrung: Die hohe Künstlichkeit seiner Sprache gewinnt durch das laienhafte Overacting der Liebhaber eine Dimension des Surrealen, die das Zuhören zum Vergnügen macht.

»Play Reading« bietet keineswegs die einzige Bühne, den Mitpassagieren ansonsten verborgen bleibende theatralische Talente vorzustellen – sei es als Balladenrezitator (nicht mehr sehr in), als Opernsängerin (leider sehr heftig in), Stimmenimitator, Standup Comedian, Mundharmonikavirtuose, Dolly-Parton-Double, Taschenspieler oder oder. Gelegenheit für ihren großen Auftritt gibt den Amateurstars die berühmt-berüchtigte, die traditionsreiche englische Institution der »Passenger Talent Show«. Sie ist, seit über hundert Jahren, ein transatlantisches *Muß*, hervorgegangen aus dem sogenannten »Ship's Concert«. Wir erinnern uns des Grand Saloons, als des zwangsläufigen gesellschaftlichen Treffpunkts auf den frühen Dampfschiffen zu Zeiten, da die Reedereien noch nicht im Traum daran dachten, ihre Passagiere außer mit Speis und Trank auch mit professionellem Entertainment zu füttern. Zu dieser Zeit entstand das »Ship's Concert«, das sich, geliebt und gefürchtet, belacht und bejubelt, als

»Passenger Talent Show« bis heute tradiert. Sarkastischer Kommentar eines Gesellschaftskritikers in den Zwanzigern: Wer vorhabe, während einer Schiffsreise mit allem Schluß zu machen und über Bord zu gehen, dem gebe er aus Gründen der Humanität den guten Rat, das tunlichst vor dem »Ship's Concert« zu erledigen.

John Maxtone-Graham schreibt: »Von Langeweile waren Transatlantik-Crossings kaum je überschattet. Die einzige Ausnahme erwuchs, als um die Jahrhundertwende die üblichen zwanglosen Nach-Tisch-Beschäftigungen an einem Abend zusammengefaßt und kodifiziert wurden: Dieser ganz besondere, dieser außergewöhnliche Abend, üblicherweise gegen Ende der Reise abgehalten, wuchs sich zu einem schwerfälligen Muß jeder Überfahrt aus und führte den Namen »Ship's Concert«. Angefangen hatte es ganz harmlos mit dem Wunsch der Passagiere, ein bißchen Abwechslung und Spaß zu haben. Auf beiden Seiten des Atlantiks verschönten die Menschen des Viktorianischen Zeitalters sich die Abende im Salon mit Lesungen, Liedern und Rezitationen. Und so ist es nicht verwunderlich, daß diese häuslichen Unterhaltungskünste auch mit auf die viktorianischen Steamer genommen wurden.«

Doch die Zahl der extrovertierten, beifallsüchtigen Selbstdarsteller scheint im Schwinden begriffen. Trotz aufmunternder Ankündigungen, die der Cruise Director schon Tage vor dem großen Ereignis in die Zeitung einrücken läßt (»start practicing in the shower now to get ready for the real thing!«), findet sich zur Generalprobe nur ein kleines Häufchen Mutiger ein. Die meisten von ihnen Stammkunden aus der Schar der Repeaters.

Wie Mary, genannt die Diva, 16 Mal QE2, kleine pinkfarbene Lady in schrillem Make-up, die mit zitterzartem Stimmchen in glücklicher Selbstvergessenheit italienische Opernarien zum besten und bei geringstem Anzeichen von Applaus Zugabe auf Zugabe gibt. Ein Auftritt, so skurril und anrührend, daß alle mögliche Peinlichkeit verweht. – Vielleicht hält sich die Zahl der Musensöhne und -töchter auch deshalb in Grenzen, weil ja allabendlich zu später Stunde Gelegenheit genug besteht, der Sangeskunst vor Publikum ungehemmt zu frönen: Dann ist im Golden Lion Karaoke-Time. Schon längst keine asiatische Domäne mehr, wie wir feststellen müssen, sondern vielgeliebt und -praktiziert bei der angelsächsischen Passagiermajorität. Wir ignorante Minderheit flüchten in den Chart Room. Dort spielt Harfinistin Toni Stern sanft perlend Klassisches.

Es soll nicht der Eindruck entstehen, das reiche Angebot an Unterhaltungs- und Beschäftigungsmöglichkeiten terrorisiere die Gäste, wie auf manchem Kreuzfahrtschiff, wo die Schar der Animateure das Schiff flächendeckend mit organisiertem Frohsinn überzieht und außer der Kabine kaum Fluchtmöglichkeit vor der permanent lärmenden Heiterkeit besteht. Die QE2 ist riesig, die Gruppen der Aktivisten sind klein, zivilisiert und – mit Ausnahme der Karaokas – akustisch tolerabel. Zonen der Ruhe und Kontemplation finden sich zuhauf.

Schön ist untertags beispielsweise, wenn es draußen weht – und im Oktober oder April weht es, wir sind auf dem Nordatlantik, eigentlich permanent –, schön ist auch, im Pavilion zu dümpeln. Ein kleines, eisdielig heiter-helles Refugium achtern auf One Deck. Saftbar, Grill und Coffeeshop. Kleine Tische, Rattansessel, frische Blumensträuße, Zuckerstreuer, Zahnstocher in Zellophan, alles wie im Ausflugsrestaurant am See: Herr Ober, noch eine Melange und einen Früchtebecher mit ohne Sahne. Herr Ober ist 22, kommt aus Prag, hat Heimweh, sieht aus und böhmakelt wie der junge Schwejk, spricht vier Sprachen eloquent halb, kultiviert aufs liebenswerteste seine Tolpatschigkeit und ahnt jeden Wunsch seiner Gäste voraus.

Vor allem aber bietet Schwejk in seinem Pavilion neben Sandwichs, Törtchen und Ruhe einen grandiosen Ausblick durch die Glaswand zum Heck. Über verwaiste Deckstühle, netzüberhängten, leeren Pool und dampfende Jacuzzi-Kessel auf die weiß quirlende Schaumschleppe unserer großen Gastgeberin und den sich ständig umschichtenden Wolkenhimmel; ein ungestüm barockes Wandelpanorama im Cineramaformat. – Hier sitzt man kontemplativ und klein, wohlig und warm inmitten all der brausenden Bewegtheit draußen ringsum, sinkt tief und hebt sich hoch in stetig sanftem Rhythmus und genießt, wenn der Magen das Spiel denn mitspielt, die Untätigkeit als Bewegung.

Am Nachbartisch sitzen Mr. Sidney M. Pembroke und Gattin einträchtig versammelt über ihren Petitpoint-Stickereien. Ja, richtig: versammelt. Konzentriert, weltentrückt, in tiefem Ernst sie und er, Stich auf Stich die Nadeln mit den bunten Seidenfäden durch das Leinen im runden Holzrahmen führend. Jeder für sich, aber vereint in jahrzehntelang durch alle Krisen geübter schweigsamer Zweisamkeit. So will es dem verblüfften Beobachter scheinen. – Ja, geht das denn, ohne Schaden fürs maskuline Selbstbewußtsein: ein Mann, der stickt?! Offensichtlich geht es gut. Mr. Pembroke ist nicht der einzige. In der englischsprachigen Welt scheint die, wie man bislang meinte, genuin weibliche Tätigkeit (und Fähigkeit) des Stickens auch eine, zwar nicht massenhaft betriebene, aber voll akzeptierte Freizeitbeschäftigung für den gereiften Gentleman zu sein. Einen haben wir gesehen, der einen riesigen Rahmen vor sich auf den Tisch gestützt hatte, über dem die bereits gestichelten Tagwerke zur dicken Rolle gewickelt waren; eine Altardecke, eine Vereinsfahne in progress?

Mehrmals täglich wirbelt – energiegeladen, fröhlich spektakelnd – eine frische Brise durch die gedämpfte Gemächlichkeit des Pavilion: die vereinte Schar der Passagierkinder mit einer atemlosen Children's Hostess im Schlepptau. Zielsicher wie Bankräuber den Tresor, steuert die Horde den Frozen-yoghurt-Automaten an, füllt Riesenportionen in Cremeweiß, Schokoladebraun und Babyrosa ab (alles für umsonst auf dem Schiff!), verziert die bunten Türme fachmännisch mit Raspeln und Streuseln und stürzt kleckernd wieder davon, neuen Abenteuern auf dem aufregenden Riesenspielplatz QE2 entgegen.

Im Tagesprogramm wird es aufgeführt zwischen all den anderen Aktivitäten, aber darf man es eine Veranstaltung nennen wie Bridge Tournament und Music Quiz? In jedem Fall, sagt der Cruise Director, ist es mindestens so sehr ein *Muß* wie die Talent Show: Besonders unsere amerikanischen Gäste lieben es, für manche von ihnen ist es der eigentliche Höhepunkt ihrer Reise; viele ältere Ehepaare haben sich die QE2-Crossing zum runden Hochzeitstag geschenkt, zur Silbernen oder Goldenen, sogar eine Diamantene hatten wir mal. Da gehört es dann unbedingt dazu. Er spricht vom »Renewal of Wedding Vows«, der feierlichen Erneuerung des Eheversprechens vor einem Geistlichen. Das ist auf dieser Reise jener imposante Archdeakon. Im Yacht Club zwölf Uhr mittags vollzieht er die Zeremonie, rund dreißig – zwangsläufig ältere – Paare haben sich versammelt. Natürlich wäre es indezent, einfach mal gucken zu gehen; aber beim angelegentlichen Vorbeischlendern auf dem Hinterdeck sieht man sie nach der feierlichen Handlung strahlend Hand in Hand, plaudernd, mit Champagnerglas beieinanderstehen, um den Erzdiakon als gewandten Maître de plaisir geschart. – Daß auch sonst für seelsorgerische Betreuung gesorgt ist, versteht sich: Jeden Morgen wird die heilige Messe gelesen, freitags abends feiert ein Rabbi in der Synagoge den Sabbath, und sonntags morgens ist im Theater interkonfessioneller Gottesdienst, meist vom Captain persönlich geleitet. »Näher, mein Gott, zu Dir«, in den Musiksendern zum Titanic-Dauerhit verkommen –, die Botschaft wird verkündet auf dem Schiff, auch ohne Eisberge rundum.

Spätestens abends um halb sechs werden die Stickrahmen, die Skizzenblöcke und Kreiden eingepackt, die Computermonitore ausgeschaltet, die Rednerpulte weggeräumt. Flure und Treppenhäuser veröden. Für eine Stunde zieht eine Art emsiger Stille durch das große Schiff: Passagiere und Crew bereiten sich auf den Abend vor. Die einen legen letzte Hand an die Dekoration der Restaurants, des Ballsaals und der Grand Lounge, die anderen an ihr Erscheinungsbild. Sie fönen und toupieren, quälen Steckknöpfe durch gestärkte Hemdbrüste, finden die verdammte Smokingfliege nicht, können sich nicht entscheiden zwischen Apfelgrün und Nachtblau.

Erstens Cocktails, zweitens Dinner, drittens Show – der Abend auf dem Schiff hat seinen festgefügten Ablauf. In dem es Variable genug gibt, ihn nach eigenem Geschmack zu gestalten. Zwischen sieben Bars kann man wählen, den Cocktail zu nehmen, und wer nicht jeden Abend eine Show konsumieren mag, kann tanzen gehen oder ins Kino, ein Kammerkonzert anhören oder am Roulettetisch, beim Black Jack oder Stud Poker sein Geld vermindern. Und man kann – schlendernd, Leute guckend, sehend und gesehen werdend – zwischen dem einen und dem anderen Ereignis pendeln, im erholsamen, gemächlichen Rhythmus des schwimmenden Festpalastes, in den sich das Schiff, lichterstrahlend, blumengeschmückt, allabendlich verwandelt.

Jugendjahre einer Königin

»The Queens are dead – long live the Queen«, schrieben die Zeitungen am 20. September 1967, anläßlich von Taufe und Stapellauf der QE2, Cunards neuem Flaggschiff. Nur Tage später, wir erinnern uns, brachen die beiden großen Vorgängerinnen, Queen Mary und Queen Elizabeth, zu ihren letzten Bestimmungshäfen auf. – Der Entschluß zum Bau der QE2 war den Herren vom Cunard-Board von den Zeitläuften nicht eben leichtgemacht worden: Einerseits waren Queen Mary und Queen Elizabeth zwar noch immer außergewöhnliche und voll einsatzfähige Schiffe, als Dreißigjährige aber doch schon fast am Ende eines normalen Passagierschifflebens angelangt. Und sie schluckten, unbeeindruckt von steigenden Ölpreisen, täglich annähernd tausend Tonnen Kraftstoff (QE2: 433t). Es war also dringend geboten, in die Zukunft zu planen und sich über Ob und Wie kleinerer und vor allem modernerer Nachfolgerinnen Gedanken zu machen.

Auf der anderen Seite: Schon ab dem Jahr 1958 nutzten mehr Menschen zur Überquerung des Atlantiks das Flugzeug als das Schiff. Der Nordatlantik-Liniendienst wurde zum defizitären Geschäft. Zu dieser Zeit mußte beispielsweise die riesige Queen Elizabeth – wie beschämend! – eine Winterüberfahrt mit ganzen 63 Passagieren absolvieren. – Es hat einen fast tragischen Aspekt: Zu genau demselben Zeitpunkt, da die Liner den

Gipfel ihrer technologischen Ausgereiftheit erreicht hatten, waren sie altmodisch und obsolet geworden. Wen interessierte noch groß, daß 1952 der Superliner United States bei seiner Jungfernfahrt mit einer Dreieinhalb-Tage-Querung (und einer Spitzengeschwindigkeit von 36,17 Knoten) der Queen Mary das seit 14 Jahren gehaltene Blaue Band abnahm. Transatlantische Geschwindigkeit zählte nicht mehr nach Tagen, sondern in Stunden.

Seit den zwanziger Jahren boomte jedoch schon das Kreuzfahrtgeschäft. Cruising statt Crossing war die Parole der Reeder. Auch nach den mageren ersten Nachkriegsjahren kam die Kreuzfahrt als kommode und komfortable Urlaubsform wieder in Mode. So entschied man bei Cunard, eine neue Queen von 65.800 Tonnen (Queen Elizabeth: 83.600 Tonnen) in Auftrag zu geben, die sowohl als Kreuzfahrtschiff wie auch als Nordatlantikliner einsetzbar sei. Denn von der Tradition der ersten Stunde, mit der Samuel Cunard und die Britannia 1840 angetreten waren, dem regelmäßigen Liniendienst zwischen Amerika und England, wollte die Traditionsfirma denn doch nicht ganz lassen. Auch die britische Regierung sah es als eine Frage nationalen Prestiges an, einen Erste-Klasse-Nordatlantik-Service aufrechtzuerhalten (zumal die amerikanische Regierung gerade den Liner United States hatte bauen lassen), und subventionierte den Neubau beträchtlich. – Daß die QE2 bald schon der einzige verbleibende Liner auf dem Atlantik sein und die Überfahrt auf ihr dadurch den geschäftsfördernden Nimbus nostalgieumrankter Einzigartigkeit bekommen sollte, war nicht vorhersehbar.

Das Schiff, das ab 1962 auf den Reißbrettern der Konstrukteure und mit der Kiellegung ab Sommer 1965 real Gestalt annahm, war als das modernste und technisch innovativste Passagierschiff des Jahrhunderts konzipiert. »The desire was to make the QE2 second to none« (R.W. Warwick). Ihre Maße waren so ausgelegt, daß sie mit Zentimetertoleranz gerade noch in die Schleusen des Panamakanals paßte; kein unwichtiges Detail für ihre Zukunft als Kreuzfahrtschiff. Auch die in solchem Ausmaß zuvor noch nicht praktizierte Verwendung von Aluminium für die Aufbauten – vier der dreizehn Decks bestehen aus dem Leichtmetall – diente demselben Ziel: Je geringer der Tiefgang, desto vielseitiger ist ein Schiff auf Kreuzfahrten einsetzbar. Zudem war in keinem Schiff zuvor die Verwendung von Computern zur Steuerung und Kontrolle der Schiffstechnik so umfassend wie auf der QE2.

Zur Konzeption schreibt Ronald W. Warwick: »Ein bedeutsamer Wandel in der Design- und Ausstattungsphilosophie für das neue Schiff war der Wunsch, so viele seiner öffentlichen Räume als möglich auf das Meer zu öffnen. In den hundert Jahren zuvor hatte bei den Konstrukteuren großer Atlantikliner die Einstellung dominiert, ihre Passagiere vergessen machen zu müssen, daß sie sich überhaupt auf See befänden. Opulente Gesellschaftsräume vermittelten die Illusion von ›Normalleben‹ und konnten zur Annahme verführen, sich an Land zu befinden. In Zeiten, als Schiffe die einzige Möglichkeit bildeten, den Ozean zu überqueren, wurden Schiffsreisen von vielen ebenso gefürchtet wie von anderen geschätzt. Darum hielt man es für zweckdienlich, dem Passagier die Tatsache, sich auf See zu befinden, möglichst wenig bewußt werden zu lassen. Millionäre sollten sich in den prächtigen Salons und Suiten der Aquitania ebenso wohl fühlen können wie in ihren eigenen Landhäusern. Zwar gab es natürlich die Möglichkeit, auf offene Decks zu gelangen, aber für angenehm hielt man das allenfalls während der wenigen warmen Monate, und selbst da diente ein Decksspaziergang vor allem als Maßnahme zur Körperertüchtigung, die manchen eher lästig war. Im Gegensatz dazu wurden die Architekten der QE2 ermuntert, den maritimen Aspekt hervorzuheben. Der moderne Reisende, der sich für die Fahrt mit einem Transatlantikliner entscheidet, tut das, so die Cunard-Überlegung, aus freier Wahl, nicht aus Mangel an Alternative. Deshalb wurden die Restaurants der QE2 hoch oben im Schiff mit weitem Meerblick angesiedelt, so daß die Passagiere, während sie mit Stil dinieren, das Beste beider Welten genießen können: ein Grandhotel und einen Urlaub auf See.«

Nach Stapellauf und Ausrüstung begannen im Dezember 1968 die Tests, als deren Ergebnis Cunard der Welt stolz verkünden konnte, das neue Schiff habe eine Spitzengeschwindigkeit von 32,5 Knoten (60 km/h) erreicht. – Chief Engineer Steve Hare, nach Umrüstung der QE2 von Dampfturbinen auf Dieselelektrik 1987 mitverantwortlich für entsprechende Sea Trials in der Nordsee, hat uns die extremen Belastungen geschildert, denen die QE2 dabei ausgesetzt werden muß. Vor allem beim Crash Manoeuvre: Mit Umlegen eines Hebels wird die Riesin aus der Spitzengeschwindigkeit von über 32 Knoten auf »full astern« gesetzt: »Es war unglaublich. Alle Signallampen sprangen auf Rot und zeigten an, daß die Systeme überlastet waren. Das Schiff hat sich geschüttelt wie verrückt. Aber sie machte es, ohne jedes Problem. In dreieinhalb Minuten war sie nach wenig mehr als einer Seemeile zum Stillstand gekommen, und schon eine Minute später rauschte sie mit stolzen 19 Knoten rückwärts. So viel machen die modernen Kreuzfahrtschiffe gerade mal vorwärts.«

In jenem Winter 1968/69 verliefen nicht alle Tests so problemlos, Cunard sah sich gezwungen, die ersten Fahrten zu stornieren. Doch schließlich, am 20. April 1969, fast fünf Jahre nach Kiellegung und zwei Jahre nach Stapellauf, konnte die fast dreißig Millionen Pfund teure neue Queen zu ihrer ersten Reise mit zahlenden Passagieren, einer Minikreuzfahrt zu den Kanarischen Inseln, aufbrechen. – Die neue Zeitrechnung jedoch beginnt für Cunarder natürlich erst eigentlich mit der Maiden Crossing, dem »Leinen los« zur ersten Überquerung des Nordatlantiks am 2. Mai 1969 mit 1400 Passagieren an Bord.

Der Empfang in New York war triumphal. (Für Zahlenfetischisten – und die meisten Schiffsliebhaber mögen Zahlen und Superlative: Vier Tage, 16 Stunden und 35 Minuten hatte die QE2 vom Zwischenstopp Le Havre bis zum Ambrose Leuchtturm gebraucht; eine Durchschnittsgeschwindigkeit von 28,02 Knoten.) Das neue Cunard-Flaggschiff begeisterte mit seiner klaren, eleganten Linienführung. »She's a beauty«, sagten alle. Die Königin gewann die Herzen im Sturm. Jede Maiden Arrival, erstes Anlaufen einer Stadt, eines Landes, einer Insel, bescherte dem Schiff bei ihren weltweiten Kreuzfahrten ungeteilte Aufmerksamkeit, wurde zum Medienereignis und lockte Tausende, die das Schiff der Schiffe sehen wollten. Die unzähligen Plaketten im Wardroom dokumentieren den mehrjährigen internationalen Triumphzug.

»She's a classic«, jubilierte die Presse, und »a legend continues«. Natürlich profitierte das Schiff auch vom Nimbus seiner berühmten Vorgängerinnen, doch wie kein anderer Neubau nach dem Krieg wurde die moderne QE2 Inkarnation und Idealbild des Luxusliners alter Schule, ein Klassiker ihrer selbst von Beginn an. Auf der Queen zu reisen, hatte (und hat) die Aura des Besonderen. Das schlug sich in den Buchungszahlen nieder, das freute Cunards Buchhalter.

Der Alltag beginnt. Kreuzfahrten aller Art und weltweit: 16 Tage Karibik, sieben Tage Indian Summer, acht Tage Newport Jazz Festival, zehn Tage westliches Mittelmeer, 14 Tage Länder der Mitternachtssonne, 13 Tage Trans Panama und einmal jährlich in hundert Tagen rund um die Welt. Dazwischen etwa zwanzigmal auf Linie zwischen New York und Southampton. Kaum Pausen dazwischen, kürzeste Liegezeiten, eine logistische Meisterleistung. Dazu die unplanbaren kleinen Überraschungen, die – Stürme nicht gerechnet –

ein Schiffsleben mit sich bringen kann: Die zum Glück falsche Bombendrohung, der Kurzschluß in der Hauptelektroleitung mitten auf dem Atlantik, die geplante Torpedoattacke arabischer Extremisten, die peinliche Grundberührung vor der Küste von Massachusetts, der unauffindbar verschwundene Passagier …

Im Mai 1982 der große Einschnitt: QE2 wird zur Fahne gerufen. Die britische Regierung requiriert das Schiff als Truppentransporter im Falklandkrieg. Auch damit setzt die Queen nolens volens eine Tradition fort: Ihre beiden Vorgängerinnen Queen Mary und Queen Elizabeth hatten während des Zweiten Weltkriegs rund anderthalb Millionen Soldaten transportiert. Queen Mary trug bei einer dieser Fahrten die unglaubliche Menge von 16.700 Menschen an Bord, so viele wie kein Schiff vordem und seither. General Eisenhower resümierte, die beiden Queens hätten mit ihrem wagemutigen Einsatz den Krieg um mehr als ein Jahr verkürzt.

Am 3. Mai 1982 – die Queen, von Philadelphia kommend, zog ruhig die Südküste Englands entlang – erfuhren die Funkoffiziere aus Nachrichten der BBC, daß ihr Schiff soeben zum Kriegsdienst eingezogen worden sei. Schon in der folgenden Nacht begannen in Southampton die umfangreichen Umrüstungsarbeiten, die den Luxusliner in sieben hektischen Tagen und Nächten in einen gigantischen Truppen-, Material- und Munitionstransporter verwandelten. Bilder, Möbel, Kasinoausstattung, Glas und Porzellan verschwanden in Lagerhäusern, die Auslegteppiche der Restaurants, Salons und Treppenhäuser wurden mit Spanplatten abgedeckt. Da auch die enorme Bunkerkapazität der QE2 (4500 t Dieselöl) nicht ausgereicht hätte, die siebentausend Seemeilen in den Südatlantik hin und rück ohne Auftanken zu bewältigen, andererseits nicht vorauszusehen war, ob und wo das Schiff einen Zwischenstopp würde einlegen können, ließen die Militärs eine Anlage zum Nachtanken auf hoher See einbauen. Das hieß, eine Pipeline von der Gepäckluke auf Two Deck quer durch den Passagierteil bis hinab zu den Öltanks zu legen. Den Sicherheitsoffizieren von Cunard standen die Haare zu Berge. (Ihr Patriotismus glättete sie wieder.)

Zwei Hubschrauberplätze mußten angelegt werden. Das bedeutete: radikale Amputation des Lido und aller Heckaufbauten bis hinunter zum Quarterdeck. Von achtern gesehen glich das Schiff jetzt eher einem Flugzeugträger denn einem noblen Passagierschiff. Die andere Start- und Landeplattform wurde auf dem Vordeck unter der Brücke installiert. (Und sollte bei den Piloten der Sea Kings bald besonderen Respekt genießen: Zu dem am Bug extrem stark spürbaren Heben und Senken des Schiffs und den 25 Knoten Schiffsgeschwindigkeit kamen als zusätzliche Schikane die unberechenbaren Luftwellen und Turbulenzen, in die der anbrandende Wind vor der breiten, fünf Decks hohen Brust der QE2 verwirbelt wurde.)

Noch während überall hektisch geflext, geschweißt und gehämmert wurde, begann man mit dem Stauen der Ladung. Landrover, Anhänger, Ersatzteile für Helikopter, dazu Flugbenzin und

Munition. Das Nebeneinander dieser beiden Frachtgüter auf den offenen Decks ließ die Sicherheitsexperten der Reederei erneut zum Kamm greifen, zumal als mitten in die Ladearbeiten die Nachricht von der Versenkung des Zerstörers Sheffield durch argentinische Flugzeuge platzte. – Im Morgengrauen des 12. Mai kamen dreitausend vor allem schottische Soldaten an Bord, dazu 650 Cunard-Freiwillige als Crew, und um 16 Uhr blies ihnen ein Dudelsack »Scotland the Brave« zum Farewell. Die QE2 machte sich auf ihre ungewöhnlichste und gefährlichste Reise.

Unvermittelt auftauchende Nebelbänke, nächtliche Fahrten ohne Beleuchtung bei ausgeschaltetem Radar durch endlose Eisbergfelder, das riskante, über Stunden sich hinziehende Refueling-Manöver in schwerer See, das sich mit jeder Meile erhöhende Risiko eines Angriffs aus der Luft, der darum notwendige Zickzackkurs – nichts von dem zerrte so an den Nerven aller wie der tägliche Drill über 15 Tage. Um die Soldaten fit zu halten und in der dranghaften Enge womöglich aufgestautes Aggressionspotential abzubauen, mußten sie »bewegt« werden. Das hieß, in voller Montur im Laufschritt immer rund ums Bootsdeck. Bei dreitausend bewegungsbedürftigen Soldaten einerseits und der Enge des Decks andererseits war ab halb sieben in der Früh bis Sonnenuntergang im nahtlosen Wechsel eine Gruppe nach der anderen auf dem Trab. In schweren Militärstiefeln. Nach Erzählungen der Cunarder, die dabei waren und von denen manche ihre freiwillige Meldung allein deshalb verfluchten, muß der Lärm, den die Metallwände verstärkten und durchs gesamte Schiff trugen, infernalisch gewesen sein. Zwischen den vom nicht endenden Gleichschritt vibrierenden Decksplanken wurde die Kalfaterung herausgepreßt, und lange nachdem die Queen wieder ins Zivilleben zurückgekehrt war, lösten sich immer noch Hanfstränge aus den Fugen.

In South Georgia's Cumberland Bay, zweihundert Seemeilen östlich der Falklands, löschte die QE2 – ständig in Angst vor Luftangriffen (»She's one big fat target«) – ihre Ladung, übergab die Truppe kleineren Schiffen, übernahm 640 Überlebende und Verwundete und machte sich auf den Rückweg. Fast genau einen Monat nach dem Aufbruch ins Feld, am 12. Juni, steuerte die Queen wieder in den heimatlichen Solent, begrüßt von Queen Mother auf der königlichen Yacht Britannia und Tausenden Begeisterten an Land. Cunards legendäres Glück (»they never lost a life«) hatte sich einmal mehr bestätigt.

Eine Woche hatte die Einkleidung der Queen für den Militärdienst gebraucht, zwei Monate dauerte es, ihr eine neue zivile Robe zu schneidern. Man nutzte die Gelegenheit, einige schon längst geplante Veränderungen vorzunehmen. Am auffälligsten die des farblichen Outfits: Erst jetzt erhielt der spektakulär moderne Schornstein den auffallend rot-schwarzen Anstrich, was seine eleganten, stromlinienförmig aufstrebenden Linien angemessen hervorhob und der Gesamterscheinung des Schiffes die gewisse traditionelle Cunard-typische Note gab. Völlig un-Cunardisch hingegen die neue Farbe, die man verblüffenderweise für den Rumpf wählte: ein fades, blasses Perlgrau, wie jedes Lieschen Müller von Mittelmeerfähre es trägt. Mauretania, Aquitania und all die anderen distinguierten Cunarderinnen hätten sich ihrer schämen müssen. Der Mißgriff wurde bald erkannt und bereinigt, die Queen wieder in gediegenes Dunkelgrau gekleidet. Jahre später fand man das denn doch ein wenig zu trist und gab dem Schiff sein seither bekanntes Outfit: ein nobel tiefdunkles, fast schwarzes Blau über roter Wasserlinie, makellos weiße Aufbauten und den Cunard-Schornstein. Ein Markenzeichen weltweit, unverwechselbar.

1986 erlebte die Queen den wichtigsten Wandel ihres Lebens: Bislang war sie – ob Kohle oder Öl – ein Dampfer, ein Steamer gewesen, nicht anders als letztlich auch die Britannia von 1840. Jetzt wurde sie zum Elektroschiff umgebaut. Mit ihrer Conversion wurde symbolisch eine Ära zu Grabe getragen. Die Operation fand auf der Bremerhavener Lloyd Werft statt, dauerte ein halbes Jahr und kostete dreihundert Millionen Mark. Nachdem der Schornstein abmontiert war, wurden durch das riesige Loch die alten Maschinen herausgehoben und die neuen Antriebsaggregate in die Tiefe des Schiffsbauchs versenkt. Sie bestanden aus neun Dieselmotoren, jeder 217 Tonnen schwer, und aus zwei kreisrunden Elektrofahrmotoren. Die beiden fünfflügeligen Verstellpropeller, sechs Meter im Durchmesser, waren ebenfalls neu.

Installiert wurden auch zwei weitere technische Neuerungen, die den Liner wieder zu einem der modernsten Schiffe auf den Weltmeeren machten: zum einen zwei Bugstrahlruder zur Erhöhung der Manövrierfähigkeit beim An- und Ablegen, zwei Meter weite verschließbare Röhren unter der Wasserlinie quer durch den Schiffsrumpf, in denen Propeller einen starken Wasserstrahl nach Backbord oder Steuerbord produzieren, – zum anderen die vier erwähnten flügelförmigen, ausklappbaren Stabilisatoren. Als die QE2 im April 1987 wieder in Dienst gestellt wurde, war sie so gut wie neu. Denn auch die Gesellschaftsräume, die Kabinen, Küchen, Mannschaftsquartiere, die Rettungsboote und die Davits waren rundum erneuert worden.

Daß sie diese Verjüngungskur in Deutschland und nicht in England vornehmen ließen, hat den Cunardern zu Hause viel herbe Kritik eingetragen, und noch zehn Jahre später muß sich der Chief Engineer gegen kritische Fragen seiner (britischen) Passagiere verteidigen: Das Angebot der Germans habe vom Zeitrahmen her drei Monate unter dem des nächsten Bieters gelegen, außerdem seien sie nun mal versierte Schiffsbauer, und schließlich: Das ganze Unternehmen sei ein multinationales gewesen, dreißig Prozent des Auftragsvolumens seien allein in Zulieferfirmen aus dem United Kingdom geflossen.

Auch der bisher letzte große Umbau acht Jahre später wird in Deutschland ausgeführt, im Oktober/November 1994 bei Blohm & Voss in Hamburg. Da man diesmal den Zeitrahmen zu eng gesteckt hatte, gerät die erste Fahrt danach zum mittleren Desaster, an das sich niemand in der

Reederei gern erinnert. Die Überlegung, die der erneuten Totalrenovierung zugrunde lag, wog schwer: Auch die Queen kam in die Jahre, steuerte auf ihren dreißigsten Geburtstag zu (den sie, rechnet man von der Jungfernfahrt, 1999 feiert). Sollte man an die Planung einer Nachfolgerin gehen? Die wäre 1992 nicht unter 630 Millionen Dollar zu haben gewesen. Andererseits: Die Grundsubstanz des Schiffes war exzellent, durch die Conversion des Antriebs war sie wieder auf der Höhe der Zeit und mit einer neuerlichen Modernisierung für das nächste Jahrtausend fit. Zur Freude all ihrer Liebhaber entschied Cunard, der Queen Elizabeth 2 eine Zukunft zu geben.

Das Schiff im Schiff

David O'Connell war sechs Jahre lang einer der QE2-Ärzte. Über diese Zeit hat er ein amüsantes Buch geschrieben. Es trägt den Titel: »Worse Things Happen at Sea«. Auf See gibt's Schlimmeres. Dr. O'Connell beschreibt seinen ersten Tag am neuen Arbeitsplatz: »Im Kontrast zum opulenten Dekor des Passagierbereichs war der schmuddlige Gang, von Rohren durchzogen, mit Ölpfützen gepflastert, nicht dazu angetan, festliche Gefühle zu erwecken. Das von den Schotten reflektierte Dröhnen und Wummern konnte nicht mithalten mit der sanften Musik in den Gesellschaftsräumen. So wenig wie der scharfe Geruch nach Dieselöl mit dem zarten Parfümduft der Damen in den oberen Etagen. Das hier war Unterdeck; eine Welt, in der fast ebenso viele Menschen ackerten, die Opulenz derer auf den Oberdecks überhaupt erst zu ermöglichen. Trotzdem, nichts von einer Atmosphäre der Unterdrücktheit hier in den Eingeweiden des Schiffs. Fast überall, wo ich vorbeikam, grinsten sie mich fröhlich verdreckt an, und schon bei diesem ersten kurzen Entdeckungsgang fühlte ich eine Atmosphäre von Kameradschaft.«

So weit, so richtig. Allein die Bemerkung über Schmutz und Öllachen wird der Chief Engineer nicht ohne Stirnrunzeln gelesen haben. Man achtet peinlich auf Sauberkeit. Aber wo sich Kolben drehen, fließt Öl. Hektoliterweise bei der Größe der neun Dieselmaschinen, die der Queen als

Antrieb dienen. Der Doppeldeckerbus wird als Größenvergleich gern bemüht, wenn von den Kraftprotzen gesprochen wird, die zusammen 130.000 PS produzieren können. – Kein schlechter Vergleich, wie wir feststellen. Der Eindruck ist gigantisch: Durch eine Türschleuse haben wir die gedämpft beleuchtete High-Tech-Kulisse der Steuerzentrale mit ihren fluoreszierenden Monitoren, Blinksignalen, Hebeln und Knopfleisten auf vielmeterlangen Konsolen verlassen und stehen unvermittelt auf schmalem Balkon mitten in diesem energiegeladen röhrenden Dom, dem Herzen des Schiffs. Lang und schmal, zwei Stockwerke hoch, vor Anstrengung vibrierend, Hitze, Gebrüll und fetten Öldunst ausstrahlend, von einem labyrinthischen Netzwerk aus Rohren und Leitungen, Gitterrosten und Leitern umsponnen, so hocken fünf der neun Riesen, in Reih und Glied nebeneinander aufgereiht, unter uns in der mehrstöckigen Halle und arbeiten, was das Zeug hält.

Das Herz als Metapher allerdings paßte besser noch auf die Kreisform der beiden Elektromotoren nebenan. Futuristisch fremd, wie zwei aufrecht geparkte fliegende Untertassen, ragen die dicken Scheiben mit zehn Meter Durchmesser in die Höhe ihrer Halle. Aus ihrer Mitte ragen als Naben die beiden Schraubenwellen. In sie wird die gebündelte Kraft der Diesel gespeist. Ich lege meine Hände auf die Ummantelung und kann die Rotation der baumdicken Stahlstange darunter fühlen; obwohl nur ein sanftes Vibrieren, ist es wie ein elektrischer Schock, ich glaube, die geballte Energie des Schiffes zu spüren. – Der geniale

Maschinenbauer Sir Charles Parson, Erfinder der Schiffs-Dampfturbine, fällt mir ein: Von ihm, dessen Herz für Schiffe und ihre Maschinen brannte, wird erzählt, er sei einmal mitten in einer Abendunterhaltung aus dem Grand Saloon verschwunden und im Gesellschaftsanzug zu den Unterdecks hinabgestiegen, wo ihn schließlich ein Ingenieur entdeckte, tief unten im dunklen Wellentunnel, am Heck kauernd und sich gegen die feuchte Schiffswand pressend, die Vibration der Schraube zu erspüren, die Musik des Schiffes zu hören. Ich verstehe Sir Charles. Wenige Zentimeter unter meinen Händen konzentriert sich die gesamte Kraft der QE2, ich kann sie fühlen. Schiffe leben und haben Magie, wer wollte es leugnen.

Sind die Maschinen das Herz des Schiffes, kann man, ohne die Metapher überzustrapazieren, die Brücke sein Hirn und Auge nennen. Diskret war uns bedeutet worden, daß es durchaus keine Selbstverständlichkeit sei, wenn uns der Commodore auf der Brücke empfange. Doch das Reporterteam eines hochglänzenden Lebensart-Magazins hatte es verstanden, sich wichtig genug zu machen, und wir dürfen uns anschließen. Wir sind ganz Respekt und Devotion. Und wagen es denn auch kaum, uns einzugestehen: Die Brücke, das Allerheiligste der QE2, enttäuscht ein wenig. Was denn hatte man erwartet? Etwas Besonderes wohl, den Standard Überragendes. Aber es ist »nur« eine imponierend große, helle, sachlich nüchterne, moderne Schiffsbrücke, wie man sie etwa auch auf einem gut geführten Containerfrachter finden kann. Eindrucksvoll lange Konsolen voller Armaturen, Kontrollampen und Monitore; der Steuerstand mit einem verblüffend kleinen Metallsteuerrad ausgestattet, das – gegenwärtig von der Geisterhand des Autopiloten bewegt – eher an einen Rennwagen erinnert als an jenes klassische Symbol der Seefahrt schlechthin, das mannshohe hölzerne Rad mit den gedrechselten Griffen, dem obligaten Schmuck noch jeder Hafenbar und Fliegender-Holländer-Inszenierung.

Das Steuerrad, es erinnert mich ... An das erste Brückenhaus. Das ich nicht nur, wie auf der QE2, besichtigt habe, sondern in dem ich für drei Wochen, tagtäglich und allnächtlich, mehr oder weniger gelebt habe. So was prägt. Die Brücke eines uralten, verrosteten und versifften kleinen Koprafrachters in der Südsee. Jahre zuvor. Ich zitiere mit Genehmigung des Autors aus »Pazifische Passagen«:

»Ein Raum ist immer proper, sauber und blitzblank: Bei der Brücke kennen wir keinen Spaß. Dunkelglänzendes Furnier, blinkendes Messing, blitzende Scheiben. Der Kompaß in seiner Glaskugel schwimmend, das große hölzerne Steuerrad im Zentrum, der altertümliche Maschinentelegraf, alles so nostalgisch wie effektiv. Der Stolz der gesamten Crew.

Diese Nächte auf der Brücke, unterwegs in der Koro Sea, von einer Insel zur nächsten! – Jeder, der nicht schlafen kann, taucht irgendwann hier auf. Steht und schaut hinaus, hoch über den Bug auf das dunkle Meer. Träge tröpfeln die Gespräche. Die Ai Sokula, das Lebensgehäuse, unsere kleine Welt, stampft unermüdlich vor sich hin.

Irgendwo zieht immer gerade eine Insel vorbei. Gibt es da noch ein flackerndes Licht hinter dem Riff, ist es wie eine Sensation von Leben, ausgiebig zu bereden. Dort drüben inmitten der Wasserweite sind Verwandte, ein Schulfreund lebt da, oder so. Man kennt sich hier herum. – Ich habe nie zeitlosere Zeiten erlebt und nie mehr Zuhause als in den Nächten auf der Brücke der alten Ai Sokula.«

So was prägt. Auch das Bild einer Schiffsbrücke. Und Captain Patemo von der alten Ai Sokula wüßte sicher gern, was ich ihm von seinem Kollegen auf dem großen englischen Schiff – wie sagtest du, heißt es noch mal? – zu berichten hätte. Vor allem: Kennt er sich aus mit den Korallenriffen in seinem Meer?

Eine gedämpfte Atmosphäre von Ernsthaftigkeit und Wachsamkeit liegt über dem Raum. Die Blicke der Herren mit den blütenweißen Hemden, dunklen Schlipsen und goldenen Streifen auf den Schulterstücken beobachten aufmerksam den Horizont. In elegantesten Proportionen geschwungen, lang und schmal, wie man es bei den neuen Schiffen nicht mehr kennt, liegt tief unter uns das Vordeck. Makellos sauber, ohne den üblichen maritimen Krimskrams, den man gewöhnlich hier gestapelt findet. Leer bis auf die beiden weißlackierten Ankerketten auf ihren schwarzen Blöcken und das weiße Dreibein des Nebelhorns – Schiffsbauästhetik pur. Majestätisch ruhig hebt und senkt sich der Bug, unbeeindruckt von den Gischtwänden, die hochschnellen, wenn das Schiff eine besonders große Welle durchschneidet.

24 Stunden an jedem der 365 Tage des Jahres ist die Brücke besetzt. Auch – von mindestens einem Offizier – im Hafen und selbst im Dock. Denn neben seinen navigatorischen Aufgaben ist der Wachhabende für die Sicherheit des Schiffes selbst verantwortlich. – Im angrenzenden Kartenraum arbeitet ein junger Navigationsoffizier mit Zirkel, Lineal und Taschenrechner konzentriert über einer tischfüllenden Seekarte, hinter ihm an der Wand hängen akkurat nebeneinander zehn weiße Offiziersmützen, über dem Schirm die Kartusche mit dem goldenen Cunard-Löwen und der Königskrone.

Mit etwas gelangweilter Nonchalance aber geduldig kommt der Commodore dem Wunsch des Fotografen nach und läßt sich draußen auf der Brückennock ablichten. Zum wievielten Mal wohl schon, seit er 1994 zum Master der QE2 ernannt wurde? Er lacht und zuckt die Schultern. Ziemlich oft jedenfalls, er habe nicht mitgezählt, das gehöre zum Job, er sei nicht eitel. Routiniert hebt er das Fernglas vor die Augen, stellt sich in Positur und blickt sehr commodorig; Standbild eines britischen Bilderbuchkapitäns. Mit weißgrauem Vollbart. Die Admiralsuniform der Royal Navy zu Lord Nelsons Zeiten hätte ihm gestanden. Wie von ungefähr schiebt sich die Manschette über der Rolex zurück, der Ring am kleinen Finger funkelt. Der Fotograf ist begeistert, kniet nieder und läßt den Apparat ratschen.

Wenn wir je einen Hauch von Unsicherheit verspürt haben sollten – immerhin: Windstärke elf, zweitausend Meter kaltes, schwarzes Meerwasser unter uns und Erinnerungen an die Titanic allerorten –, die technische Präzision der Brücke der QE2 und die ruhige Selbstsicherheit ihrer Offiziere vertreibt alle düsteren Kopfszenarien. Beeindruckt verabschieden wir uns von den akkurat frisierten, tadellos gekleideten Herren, die da so konzentriert und ernsthaft einzig ihrer Pflicht obliegen. Schon fast im Gehen fällt mein Blick auf ein Schild zwischen den Armaturen. Das ruft, deutsch und laut: »Achtung!« Mit zunehmender Verblüffung lese ich:

»Alles Touristen und non-Technischen Looken Ppprs. Das Maschinen Controlen is nich fur gerfingerpoken und mittengrabben, odervise ist easy schnappen der springwerk, blowen der fuzen, und popenkorken mit spitzensparken. der machin ist diggen by experten offitzier only. Ist nicht fur gerverken by das dummkopfen. Das rubbernecken sightseeien keepen das cotenpicken hans in der pockets, so relaxen und vatchen das blinklichts, und pretty picturen!«

Als ich mich, ziemlich irritiert, wieder aufrichte, grinsen die Herren ernsthaften und kontrollierten Offiziere fröhlich: »So, you got the message?« »Ay ay Sir, I got it.« – Nein, ich bin kein bißchen enttäuscht von der Brücke, und ich fühle mich um so mehr in bester Hut.

Von den rund tausend Beschäftigten aus über dreißig Ländern sind – vom philippinischen Deckshand bis zum Radio-Operator aus Norwegen – alles in allem »nur« zweihundert Menschen unmittelbar oder mittelbar in den Betrieb des Schiffs als Schiff involviert; sie sind es, die den

Pott von A nach B bringen. Mehr als siebenhundert Angestellte dagegen arbeiten in dem schwimmenden Hotel QE2. Von ihnen wird kaum einer die Maschinenhallen, geschweige die Brücke je zu sehen bekommen. Zwei Welten.

Sie alle leben auf demselben Schiff zusammen mit den 1700 Gästen in ihrer wiederum ganz anderen Welt, die sie für die eigentliche halten. Hinter den getäfelten Wänden der Passagierdecks und unten am Fuß der repräsentativen Treppenhäuser beginnt und breitet sich eine Arbeitswelt aus Küchen, Werkstätten, Maschinenhallen, Eiskellern, Warendepots, Wäscherei, Schneiderei, Reinigung, Dampfbügelei, Druckerei, Blumensteckerei. Hier kariolen auf engstem Raum Gabelstapler, quietschen Lastenaufzüge, stauen sich hochbeladene Wäschetrolleys, werden Tag für Tag tonnenweise Vorräte ausgegeben, transportiert und verarbeitet. Zudem wollen Berge von Abfall sortiert, gepreßt, gestaut sein. Hier summt es rund um die Uhr vor Geschäftigkeit.

Eine ganze Kleinstadt hinter den Kulissen. Mit eigenen Bars, Clubs, Messen und Kantinen, in denen Stewards arbeiten, die nie einen Passagier bedienen. Mit eigenem Freideck hoch oben beim Schornstein, mit Lädchen, Kino, Bücherei und Fitneßraum. Die Flure mit den engen Zwei- und Dreibettkabinen tragen Straßennamen. Auch in dieser Stadt wohnt und verkehrt man in unterschiedlichen Vierteln. Zwischen Offizieren, Staff und Crew wird säuberlich unterschieden.

Als wir uns mit dem Executive Chef in seinem winzigen papierquellenden Büro zum Interview zusammensetzen, hat der oberste Herrscher über die Kochtöpfe der QE2 gerade hastig nebenher ein Turkey Sandwich verspeist, seine erste kurze Pause und Mahlzeit seit dem Frühstück vor sieben Stunden. Weitere sieben Stunden Dienst können es gut noch werden. Das ist normal und nicht dem Sturm anzulasten. Der hat zwar die generalstabsmäßige Planung durcheinandergeworfen – es muß neu disponiert werden –, aber mit solchen meteorologischen Störfaktoren muß auf dem Nordatlantik jederzeit gerechnet werden. – Der Executive Chef, Österreicher natürlich (wenn schon nicht Schweizer), herrscht über fünf Chefs de cuisine, die ihre Reichsteile allerdings weitgehend autonom regieren, über elf Sous-Chefs und 170 Mann Küchenbrigade, darunter allein 16 Konditoren und Pastetenbäcker. In sechs Großküchen plus einer Crew-Küche wandern während einer Überfahrt zum Beispiel 270 Kilo Schinken, 16.000 Eier, 260 Kilo Hummer und mehr als tausend Kilo Rindfleisch über ihre Herde und durch ihre Öfen. Das mit Abstand teuerste »Lebensmittel«, verrät der Küchenchef, ist keineswegs der Kaviar (15 Kilo pro Überfahrt), sondern, rechnete man Pfund gegen Pfund, der mehrmals doppelt so kostbare Safran.

Zur selben Zeit, als uns Bernhard Stumpfl mit eindrucksvollen Superlativen füttert und die hochkomplizierte Logistik erläutert, die es braucht, 1700 Gäste nahezu gleichzeitig und mindestens dreimal am Tag auf Haute-Cuisine-Niveau zu beköstigen, brennt vor der offenen Tür und dem Fenster seines Büroverschlags in der Küche des Mauretania Restaurants die Luft. Während an ihren Herden, Kesseln und Bratöfen hochbemützte Rotisseurs, Entremetiers und Poissoniers schwitzend rotieren und Anrichter mit professioneller Schnelligkeit Nahrungsmittel auf angewärmten Tellern zu kunsthandwerklichen Meisterwerken hochmöbeln, hetzen weißbejackte Stewards, hochbepackte Tabletts mit schmutzigem Geschirr balancierend, zur Ablage bei der Spülmaschinenstraße, stapeln an den Anrichten runde Warmhaltehauben mit frischen Speisen zu schwankenden Türmen (»Six plates only« mahnt ein Schild an der Wand) und eilen wieder davon durch die Schwingtüren, die Seide, Samt und Silber von Neon, Kachel und Edelstahl trennen. »Smile« steht in großen Lettern über dem Ausgang in die Welt des Luxus. Und sie lächeln.

»Worse Things Happen at Sea ...« Stolz führt uns der Principal Medical Officer durch seine hochmoderne kleine Klinik. 13 Betten, eine Intensivstation, Operationssaal (gut, vielleicht ist »Saal« etwas großgegriffen, aber beeindruckend modern eingerichtet unbedingt), Laboratorium, Röntgenraum, Zahnarztstuhl. Und eine »Mortuary«, zwei längliche Kühlfächer, in denen, wenn nicht anderweitig belegt, das medizinische Personal – zwei Ärzte, drei Schwestern, zwei Pfleger – die Getränke für seine Partys lagert, sagt der Arzt, mit urbritischem Pokerface. Wahrscheinlich ist man auf dem Schiff, auf diesem Schiff jedenfalls, gerade in dringenden Notfällen, wenn die Schnelligkeit der Reaktionsmöglichkeit einen wichtigen Rettungsfaktor bildet, besser aufgehoben als vielerorts an Land: Der Doktor ist immer im Haus. Und kann mit einem speziellen Alarmsystem in kürzester Zeit von überall nach überall gerufen werden. »Länger als drei Minuten brauchen wir nirgendwohin.«

»Auch eine akute Blinddarmentzündung auf dem Schiff ist nicht das Ende der Welt«, sagt Dr. Mike Beeney. »Wir versuchen, eine Operation nach Möglichkeit zu vermeiden, nicht weil wir dafür nicht trainiert oder ausgerüstet wären, sondern weil natürlich eine große Klinik mit ihren Spezialisten und technischen Möglichkeiten auf Komplikationen besser reagieren kann. Also werden wir erst einmal kühlen, starke Antibiotika einsetzen und den Schmerz reduzieren, um eine eventuelle Operation bis nach der Landung hinauszuzögern. Ich habe durchaus erlebt, daß unsere Therapie eine Operation dann sogar überflüssig gemacht hat. Aber kein Problem, wenn nötig, greif' ich zum Messer.«

Was der verwöhnte Passagier, im Glauben, alles drehe sich nur um ihn, kaum mitdenkt: Die Schiffsärzte haben neben den Gästen als potentielle Patienten eintausend Crewmitglieder ärztlich zu betreuen. Auch die sind nicht gegen Seekrankheit gefeit. Schon gar nicht gegen Arbeitsunfälle, die mitunter um einiges härter ausfallen als der gestauchte Knöchel beim Tischtennis oder der verdorbene Magen nach Unmäßigkeit am Mitternachtsbuffet. Die Tiere nicht zu vergessen. So mancher Passagier wählt das Schiff zur Atlantiküberquerung auch, um seinem vierbeinigen Liebling die Strapaze eines Flugs in dunkler Transportkiste zu ersparen. Für fünfhundert Dollar werden ihm auf der QE2 ein kommoder Käfig, Pfleger, Futter nach Angabe, Auslauf an frischer Luft samt Laternenpfahl und täglichem Herrchen- und Frauchenbesuch geboten. Im Fall der Fälle muß sich das medizinische Personal also auch um die Kolik eines Yorkshireterriers, Angorakaters oder Kakadus kümmern. Oder um die weißen Kaninchen und Tauben des Zauberers aus der Night-Show. »Mund-zu-Mund-Beatmung bei einem Hund allerdings würde ich verweigern«, sagt der Doktor.

Nach seinem aufregendsten Fall gefragt, erzählt er: »Einmal wurde ich per Emergency Call in eine der Küchen gerufen. Dort hatten sie in einem Schrank einen philippinischen Steward gefunden, mehr tot als lebendig, von fünf tiefen Stichwunden durchlöchert. Zuerst dachten alle an einen Fight, einen Mordversuch oder so was. Obwohl das untypisch gewesen wäre. Wir sind an die vierzig verschiedene Nationen auf dem Schiff, die absolut friedlich miteinander arbeiten und leben; bis auf uns Iren natürlich, wir können's nunmal nicht lassen. Aber im Ernst: United Nations, wie man sie nur träumen kann. Wie auch immer, nix Fight oder Mord, der Mann hatte schlicht versucht, sich umzubringen. Depressionen, Heimweh, Liebeskummer, was weiß ich. Extremer Blutverlust, Intensivbehandlung sofort, wir haben ihn stabilisieren können. Das war glücklicherweise schon im Portsmouth Sound, zwei Kilometer vom Land. Also haben wir die Rettung angerufen. Aber statt uns ein Schnellboot zu schicken, kam ein riesiger Helikopter, ließ über dem Hinterdeck sein Seil runter und holte unseren Patienten hoch. Die Passagiere fanden es toll, sie sind fast über Bord gefallen vor Begeisterung, es war Hollywood-stuff pur. Aber auch 10.000 Dollar teurer als ein Boot, und um nichts schneller. Ja, doch, er hat überlebt.«

Dr. Beeney, damals junger Assistenzarzt, war auch auf dem Schiff, als 1986 zum bisher einzigen Mal ein Kind an Bord geboren wurde. Aus verständlichen Gründen verweigert Cunard werdenden Müttern ab dem siebten Monat die Passage. Kim Holtvoig war im achten. Sie und ihr Mann hatten die Überfahrt auf dem Schiff der Schiffe in einem Preisausschreiben gewonnen. Nach der Geburt hätten sie die Reise nicht mehr machen können. Wer wollte ihnen verdenken, daß sie es mit den Datenangaben nicht so genau nahmen; schließlich lief alles bestens, Kim fühlte sich prächtig, was sollte schon passieren. Es passierte. Inklusive Komplikationen. Dr. Mike Beeney: »Ich habe Blut und Wasser geschwitzt, meine erste und letzte Entbindung war Jahre zuvor in Australien gewesen. Aber alles ging glatt. Es war ein Mädchen. Sie haben es Lauren Elizabeth getauft. Mike wäre ja auch schlecht gegangen.«

Geburt und Tod, die ganze Spanne. Auf Schiffen erzählen sie Geschichten. Manches davon ist Seemannsgarn. Wie will man unterscheiden. Die anrührendste Geschichte, die sie mir auf dem Schiff erzählt haben, ist diese: Es war einmal ein altes Ehepaar. Die hatten darauf gespart, sich einen Traum zu erfüllen: einmal auf der Queen

Elizabeth 2 über den Atlantik. Once in a lifetime. Er hatte früher auf Schiffen gearbeitet, er liebte die See. Sie haben sich ihren Traum erfüllt. Sie haben es genossen. Er war herzkrank und ist gestorben auf dem Schiff. Einfach so, sanft, schnell und friedlich. Neben allem: Die Überführung eines Toten ist eine bürokratische, teure Tortur. Sie wäre verschuldet gewesen auf Jahre. Da haben sich Captain und Hotel-Manager zusammengesetzt, Rat gehalten und die Bestimmungen nachgelesen. Trauungen darf ein Kapitän längst nicht mehr vornehmen. Seebestattungen wohl. Sie haben der Witwe einen Vorschlag gemacht. Sie fand es die angemessenste Form. Er hatte die See geliebt. – Am frühen Morgen, bei Sonnenaufgang, wurde der Sarg mit allen Ehren – Union Jack, Lesung aus der Schrift, Pfeifsignal des Bootsmannsmaats – der See übergeben. Sie war sicher, er hätte es sich so gewünscht. Und sie hatte einen Trost.

Womöglich ist das Seemannsgarn. Mir aber ist es die liebste Geschichte vom Schiff. Ich wünschte, sie wäre wahr.

Manhattan leuchtet

Westwärts, nicht anders. Auch eine Reise sollte, wie jede große Oper, nach dramaturgischen Kriterien aufgebaut sein, ihren Höhepunkt also im Finale erreichen. Ohne die szenischen Reize von Calshot Castle und der Isle of Wight, des Solent und der altehrwürdigen Hafenstadt Southampton, von Deck aus genossen, schmälern zu wollen: Gegen die Einfahrt nach New York können sie nicht an. Nicht nur sie nicht. Diese Ankunft ist unvergleichlich. Zu jeder Jahreszeit, bei jeder Wetterlage, Tageszeit und psychischen Verfaßtheit, zumal als Schlußakkord einer Reise, die selbst schon der Nimbus des Unvergleichlichen umgibt. Auch altgediente Crewmitglieder gestehen freimütig, noch immer und jedesmal wieder den »Knubbel im Hals« zu spüren, wenn sich Manhattans Silhouette wie eine Erscheinung aus dem Wasserdunst materialisiert. Und es soll QE2-Stammgäste geben, die gerade und vor allem wegen dieser zwei Stunden zwischen »Land in Sicht« und Andocken im Hudson River für ihre Reise in die USA die maritime Variante wählen. – Darum hier gleich zwei Spielarten des Höhepunkts. Die unübliche zuerst:

Ankunft I (Nachtvariante).

Spätestens als voraus wie eine Kirmesattraktion die Lichterbögen der Verrazano Narrows Bridge zwischen Richmond und Brooklyn aus der Dunkelheit heranglitzern, leeren sich die Restaurants schlagartig. In Erwartung des Ereignisses und angesichts des kalten Sauwetters hatte man sich fürs Farewell-Dinner erstmalig, allgemein und ohne jede offizielle Empfehlung für die Kleiderordnug »very informal« entschieden und dicken Pullover, Regencape, Schirm und Kamera gleich mitgebracht. Im noblen Britannia Grill sieht es an diesem Abend aus wie in der Berghütte.

Trotz Regenböen und eisigem Wind stehen wir zu Hunderten eng gedrängt, bibbernd, aber unverdrossen unterhalb der Brücke auf dem schmalen und einzigen Rundumausguck mit Blick zum Bug oder entlang dem Bootsdeck, wo immer sich eine halbwegs windgeschützte Nische finden läßt; an Steuerbord natürlich, denn dort würde das Manhattan-Panorama abrollen. – Zuvor aber alle Augen links.

Wie klein sie ist! Kermitgrün leuchtend schwimmt sie backbords fern aus dem Dunkel und schnell auch schon wieder vorbei, das goldene Fackelfünkchen tapfer reckend. Eigentlich hätten wir Miss Liberty am frühen Morgen passieren sollen. Zwölf Stunden über der Zeit, wie blamabel! Commodore Burton Hall wird nicht müde, sich für die unvermeidliche Verspätung zu entschuldigen, die widrigen Wetterumstände bemühend. Es gab Zeiten, geht die Cunard-Legende, als die Mauretania die Passage über den Atlantik in Pünktlichkeitsdifferenzen von maximal zehn Minuten absolvierte. Aber der zweitägige Sturm, sorry!

Zur Ehrenrettung der Cunarder sei gesagt: Das Schiff hätte die Verspätung spielend aufholen können: Die Durchschnittsgeschwindigkeit dieser Überfahrt lag bei wetterbedingten 26 Knoten, die normale Servicegeschwindigkeit jedoch ist 28 Knoten (52 km/h), und die maximale gar 32,5 Knoten (60 km/h). Noch immer ist die alte Dame QE2 in ihrer Kategorie – einrumpfig, schraubengetrieben – das schnellste Schiff der Welt. Daß der Kapitän nicht voll aufs Gaspedal gestiegen ist, war Rücksichtnahme gegenüber seinen Passagieren, die sonst in der nach Abflauen des Sturms noch rauhen See eine dauerschwankende Überfahrt zu bestehen gehabt hätten – und es war Rücksicht auf die Bilanz der Gesellschaft: Jeder Knoten mehr kostet unverhältnismäßig mehr. – Seien wir nicht kleinlich; ein zusätzlicher, geschenkter Tag auf dem Schiff der Schiffe. Zumal auch der Chef de cuisine die Situation mit Stil meistert und für die unvorhergesehenen Mahlzeiten ganz offensichtlich keine Reste zusammenkratzen muß. Wir werden sechsgängig verwöhnt wie gewohnt.

Manhattan glüht. Eine Kulisse, so unwirklich wie Batmans Gotham City. Oder ein extraterrestrisches Mutterschiff, lautlos heranschwebend. Eine Begegnung der dritten Art. Zwangsläufig stellen sich die science-fictionalen Assoziationen ein. Denn die futuristische Vision, die sich dort, auf dem Spiegel des Hudson schwimmend, präsentiert, kann keine reale Stadt sein: Über dieser Berglandschaft aus Millionen Lichtpunkten wabert ein geisterhaftes Leuchten, glüht auf, verlischt und materialisiert sich neu: Regenschleier, die in Böen über die Skyline wehen, im Widerschein der City reflektierend aufglühen und für

Momente die himmelstürmenden Konturen der Haustürme aus der Schwärze heben.

Das Schiffstyphon orgelt zum letztenmal seinen Baß, die von allen Seiten herantuckernden Schlepper tief unten antworten mit Serien schriller Pfiffe und pressen sich an Bug und Heck in die Seiten der Riesin, bugsieren sie zentimeterlangsam, punktgenau ins schmale Bett des Cunard-Kais. Eine sanfte, fast unmerkliche Berührung, ein letztes Vibrieren, das Schiff liegt still, »ready for disembarkation«.

Und dann stehen wir, mehrere hundert Passagiere, Upper Manhattans Häusergebirge vor uns, im nächtlichen Regen zwischen Koffern und Taschen. Und warten auf Taxis. Englisch diszipliniert, Nummernkärtchen in Händen, geduldig durchaus, jedenfalls in der ersten halben Stunde. Wir sind ja verspätet, die Logistik der Taxizentralen muß noch anlaufen, denkt man. Die Taxirufer pfeifen sich die Seele aus dem Leib. Alle fünf Minuten trudeln angelegentlich zwei, drei Wagen vor dem Terminal ein. Nach einer Stunde steht der Großteil von uns noch immer mit sehnsüchtigem Blick auf die erleuchteten Häuser jenseits des Hudson Parkway, in denen irgendwo ein gemütlich klimatisiertes Hotelzimmer wartet, und man beginnt nun doch zu murren: Sind wir hier, Skyscraper hin oder her, in Oer-Erkenschwick oder was oder wie?! – Doch um Mitternacht schließlich, fast zwei Stunden nach Verlassen des Schiffs, haben wir es ins Hotel geschafft. Das liegt knappe zwei Kilometer entfernt; ein gemütlicher Spaziergang, bei Tag, ohne Gepäck, ohne Regen.

Ankunft II (Normalausführung).

Sieben Uhr dreißig soll das Schiff – approximately – am Passenger Ship Terminal, Berth 3, Pier 90, at the foot of West 50th Street, festmachen. Das bedeutet, will man das ganze atemberaubende Programm miterleben, gegen halb sechs, noch ungefrühstückt und dickvermummt, an Deck zu sein.

Das Timing könnte perfekter nicht sein. Eben hebt sich die Nacht über dem Meer, die niedrige Küste von Coney Island und Staten Island enthüllt sich Grau in Grau voraus, punktiert durch die Lichter der Küstenstraßen. Über dem Horizont schwebt verheißungsvoll ein schwach violetter Schimmer. In weitem Bogen schwenkt die QE2 nach Norden in die Lower Bay, passiert die Verrazano Narrows Bridge, und Hunderte Passagiere schauen aufmerksam nach oben, zu sehen, ob sie durchkommt. In der Tat scheinen zwischen Mast und Brücke nur Zentimeter Platz zu bleiben. Die Möwe auf der Mastspitze (62 Meter), die unmittelbar vor dem Rendezvous aufgeregt schreiend davonflattert, erntet Beifall und Gelächter.

Hinter der Brücke weiten sich spiegelglatt die stillen Wasser der Upper Bay. Keine atlantische Dünung mehr, kein Wellengang, der Ozean ist überwunden. Fern voraus liegen klein und gezackt die Silhouetten von Hoboken, Manhattan und Brooklyn. Dort in Steuerbord, irgendwo hinter Queens, schiebt sich gerade orange der Sonnenball über den Horizont und färbt den Himmel, das Wasser glühend rot in allen Schattierungen, das hohe Himmelsviolett über den Zenit nach

Westen drängend. Das große Schiff reduziert die Geschwindigkeit weiter, gleitet lautlos voran, als wolle es den magischen Moment nicht stören, und auf den Decks wird es still.

Was kann man auch sagen vor diesem Bild. Eine Riesenstadt, krude, laut und hektisch, verklärt zur leuchtenden Vision; eine ölgefleckte flache Bucht, gesäumt von Vorstadtgewucher und Industriegewirr, verwandelt in eine lichtüberflutete, magisch weite Bühne. Sieht man das Bild, die Vorstellung, die Oper zum ersten Mal, steht man gebannt, auch vor Überraschung. Trotz aller Schilderungen, die man kennt: Das hatte man nicht erwartet. Sieht man es zum wiederholten Mal, kommt der Moment der Vorfreude auf das zu erwartende Ereignis dazu. Sieht man es dann sogar gemeinsam mit einem geliebten Menschen, für den es Premiere ist, bildet sich der Anblick wieder um. Man sieht das Bekannte neu, das überwältigte Staunen des anderen vertieft das Bild noch einmal mehr. Der eigene Blick gewinnt die Neugier der ersten Begegnung zurück; dazu den Blick der Liebe.

Die enggedrängte Stadtinsel schwimmt näher, entfaltet sich ins Vertikale, der Sonnenball steigt hinter der gezackten Kulisse, gewinnt goldene Kraft, zeichnet die Konturen der Türme scharf vor leuchtendem Himmel und läßt ihre gläsernen Flanken metallisch aufspiegeln. – Die Freiheitsstatue, wie fern und klein wieder, eine folkloristische Beigabe am Rande, und daneben auf Ellis Island das Hoffnungs- und Schreckenshaus, rotweiß türmchengekrönt, heiter verspielt wie ein Petersburger Zarenschlößchen, doch schicksalhaftes Nadelöhr für Millionen Mühselige und Beladene, die von dort in Sichtweite voraus, Manhattan greifbar nah, ein neues, ein menschenwürdiges Leben erst eigentlich beginnen wollten, wenn man sie denn ließe.

In den Straßenschluchten der City liegen graue Nachtschatten, doppelt düster unter dem klaren Licht des frühen Morgens. Die Stadt scheint noch zu schlafen. Doch als die Queen die Mündung des Hudson in die Bay erreicht und die Zwillingstürme des World Trade Center in ihrer ganzen babylonischen Höhe über uns aufragen, hören wir die Stimme der Stadt. Ein stetes, monotones Rauschen. Auf dem Westside Highway hinter den Piers fließt parallel zum Flußufer ein unendlicher Autostrom in die City. New York macht sich bereit für den Tag. Auch über uns wird es lebendig. Erst einer, dann einer nach dem anderen schießen Helikopter aus dem Stadtgewirr in den Himmel und halten zielstrebig auf das Schiff zu, als wollten sie es attackieren. Und das tun sie auch. Deutlich können wir die Teleobjektive auf uns gerichtet sehen, während eine Maschine nach der anderen ohrenbetäubend knatternd ihren »take your picture now«-Zirkel schlägt, ehe sie weiterzieht nach Süden Richtung Battery Park. »Manhattan Scenic Flights«, beliebt besonders bei japanischen Touristen, heute morgen sicher mit QE2-Arrival-Aufschlag.

Mit majestätischer Gelassenheit, die Motten ums Licht ignorierend, zieht das große Schiff seine lautlose Bahn, die letzte Meile zum angestammten Pier. Schon löst sich ein Halbdutzend Schlepper vom Ufer, wendig und kraftstrotzend, die Ozeanriesin in ihr enges Bett zu schieben. Vorbei an den Chelsea Sports Piers mit ihrer dreihundert Meter in den Fluß ragenden Driving Range, einem riesigen Drahtkäfig, in dem das golfende New York sein Handicap verbessert, und vorbei noch an der Intreprid, dem zum Floating Museum umgebauten Flugzeugträger mit Weltkrieg-II-Vergangenheit. Der Passenger Ship Terminal kommt in Sicht.

Die aufgeregten Pfiffe der Schlepper, das letzte Röhren des Schiffstyphons, die sanfte Berührung, das Vibrieren, die plötzliche Ruhe, das ganze spannende Ritual. Wie gehabt, ob Tag oder Nacht, siehe oben. Angekommen. – Und ruhige Zeit noch zum Abschiednehmen von unserer, sich ihres (Geld-)Wertes wohl bewußten, aber großzügigen Gastgeberin. Erst wenn alles Gepäck von Bord gebracht und in der Halle akkurat aufgebaut ist, gibt es Landgang für die Passagiere. Das braucht seine anderthalb Stunden. Auch diese letzte ausklingende Reise-, Ankunfts-, Abschiedsphase ist frei von aller Hektik: Denn daß wir nicht die Absicht haben, uns »an strafbaren oder unmoralischen Handlungen zu beteiligen«, haben wir den mitgereisten Beamten des US-Immigration Service bereits gestern schriftlich gegeben und dafür unseren Visumstempel bekommen. Viel Zeit also für ein letztes Schlendern durch die Promenaden, über die Decks. In den lächelnden Abschiedsblicken aller Begegnenden eine kleine Wehmut: Allzuoft, wenn überhaupt, werden die meisten von uns wohl nicht noch einmal zu Gast sein auf der Königin der Meere. Wie sagt die Cunard-Werbung: A once in a lifetime.

Dafür, daß wir nicht in Gefühligkeit wegschwimmen, sorgt die Taxifrage. Dasselbe Spiel wie seinerzeit bei Nacht. Ja, wo sind wir denn hier … In New York City, in Manhattan, siehe oben. Geduldiges Warten und kurz vor High Noon denn doch im Hotel. – Im Wagen verdrehen wir die Köpfe, einen letzten Blick auf unser Schiff zu erhaschen. Auch vor dem Anbordgehen in Southampton hatten wir es ja kaum wirklich gesehen. In seiner begeisternden äußeren Gestalt, den vielgerühmten schlanken Linien, kennen wir, die wir schließlich auf ihm gereist, es eigentlich gar nicht. Wir beschließen, am Abreisetag zur Abfahrtsstunde des Schiffs drüben auf Ellis Island zu sein, um einmal die Queen an uns vorbeiziehen zu sehen in aller Majestät. Ihr nachzuwinken. Long may she sail!

Daten zur QE2

Die QE2 ist das Flaggschiff der Cunard Line und der einzige Ocean Liner, der auch heute noch auf der klassischen Nordatlantik-Route zwischen Southampton und New York, dem Great Circle, eingesetzt wird. Im Schnitt überquert sie den Atlantik im Liniendienst zwanzigmal pro Jahr.

Reederei/Flagge: Cunard Line Ltd., London/britisch
Heimathafen: Southampton
Werft: Upper Clyde Shipbuilders, Glasgow
Kiellegung: 5.7.1965
Stapellauf: 20.9.1967, getauft von Queen Elizabeth II.
Jungfernreise: 2.5. – 7.5. 1969, Southampton – New York
Umbau zum Motorschiff: 1986/87 in 179 Tagen auf der Lloyd Werft Bremerhaven für 320 Millionen DM
Tonnage: 70.327 BRT
Länge/Breite: 293,5 m/32 m
Tiefgang: 9,9 m
Höhe Kiel/Brücke: 41 m
Kiel/Mastspitze: 62 m
Schornstein: 22 m
Maschine: 9 Dieselmotoren, 2 Elektrofahrmotoren
PS: 130.000 oder 2 x 44 MW
Propeller: 2 fünfflügelige Verstellpropeller, 5,8 m
Geschwindigkeit: 28,5 Kn = 52 km/h Service, 32,5 Kn = 60 km/h Max.
Ölverbrauch: 433 Tonnen pro Tag (18 t/h)
Bugstrahlruder: 2 je 1000 PS

Stabilisatoren: 4 Denny Brown
Wasseraufbereitung: 1000 Tonnen pro Tag
Passagierkapazität: 1715
Kabinen: 910, alle mit Bad/WC und/oder Dusche/WC
Suiten: 13, mit je 2 Bädern und Balkon
Besatzung: ca. 1000
Passagierdecks: 12
Autostellplätze: 16 Pkw
Kino/Theater: 530 Plätze
Restaurants:
Queen's Grill (230)
Princess Grill (100)
Britannia Grill (108)
Caronia Restaurant (554)
Mauretania Restaurant (530)
The Lido, Buffet, Frühstück/Lunch
The Pavilion, Snacks
Salons:
Queen's Room
Grand Lounge mit Shopping Galerie
Bars:
Chart Room Bar
Chrystal Bar
Golden Lion Pub
Yacht Club
The Lido
The Pavilion
Queen's Grill Lounge
Casino: 1
Bank: 1
Geschäfte: 10
Synagoge: 1

Pools: 1 außen, 2 innen (Thalasso-Therapie, Fitneßcenter), 2 Jacuzzis außen
Bibliothek: 6000 Bände, CD ROM-Verzeichnis

Literatur

Adams, John: Ocean Steamers. London 1993.

Beebe, Lucius: The Big Spenders. New York 1966.

Brinnin, John Malcolm: The Sway of the Grand Saloon. London 1972.

Maddocks, Melvin: Die großen Passagierschiffe. Amsterdam 1979.

Maxtone-Graham, John: Cunard – 150 Glorious Years. London 1989.

O'Connell, David: Worse Things Happen at Sea. Durham 1994.

Prior, Rupert (Hrsg.): Ocean Liners. London 1993.

Twain, Mark: Gesammelte Werke. Die Arglosen im Ausland. München 1977.

Ulrich, Kurt: Luxusliner. München 1997.

Wächter, Hans-Christof: Pazifische Passagen. Wien 1998.

Wächter, Hans-Christof: Blinder Passagier. In: mare, Heft No.1, Hamburg April/Mai 1997.

Warwick, Ronald W.: QE2. New York, London 1993.

Lesend reisen mit den Picus Lesereisen

Hans-Christof Wächter
Pazifische Passagen
Reisen in der Südsee

Hans-Christof Wächter, dessen Reportagen in *Globo, mare,* der *Zeit,* der *Frankfurter Rundschau,* dem *Tagesspiegel* und der *tageszeitung* erscheinen, läßt eindrucksvoll die Welt der Südseeinseln präsent werden. Seine »Pazifischen Passagen« vermitteln eindrücklich, wie sich in der Südsee die Vergangenheit der europäischen Entdeckerfahrten und Seeräuberlegenden mit den uralten Traditionen und Mythen der Inselbewohner zu einer über die Jahrhunderte immer noch arkadisch anmutenden Traumkulisse verwoben haben und die Alltagsrealität der Gegenwart durchdringen. Das Wasser und die Urkräfte sind bestimmende Elemente des eine halbe Million Quadratkilometer großen Gebiets um den 180. Meridian. In sehr persönlich gehaltenen Reportagen von den Inseln Tanna/Vanuatu, Ovalau/Fiji, Tofua/Tonga, Rarotonga/Cook Islands läßt Wächter den Leser an Begegnungen und Abenteuern teilhaben, die einem flüchtigeren Besucher verschlossen bleiben müssen.

»(...) unerschrocken romantische Sprünge aus der Skepsis europäischer Zivilisiertheit in die fremde Welt der Tropen mit ihrer scheinbaren Einfachheit.«

DIE ZEIT

132 Seiten, Leinen mit Schutzumschlag
ISBN 3-85452-701-2